Dor e pensamento

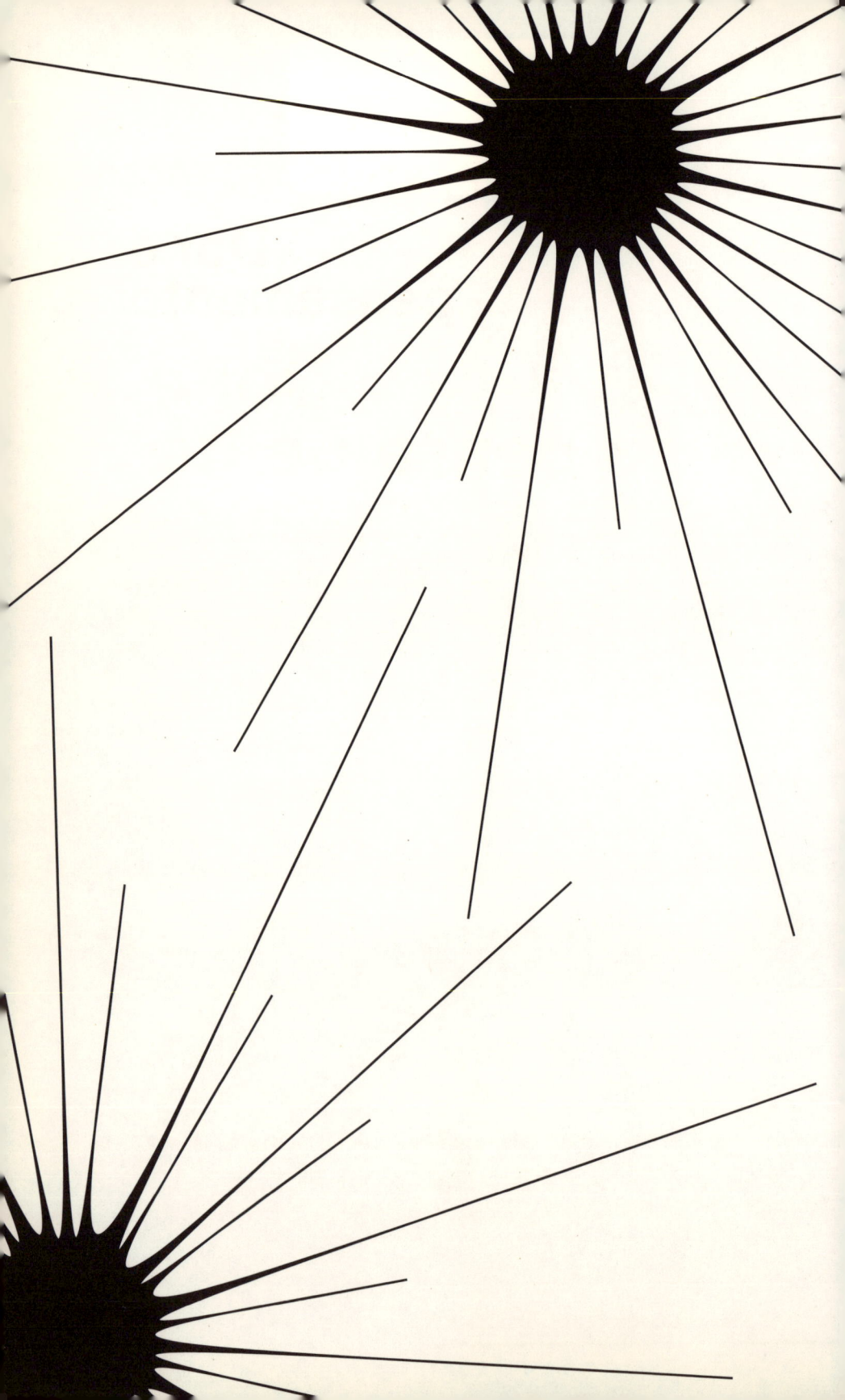

Marilia Aisenstein

Dor e pensamento

Psicossomática contemporânea

Tradução
Vanise Dresch

Porto Alegre · São Paulo
2019

Copyright © 2019 Marilia Aisenstein

CONSELHO EDITORIAL Gustavo Faraon e Rodrigo Rosp
CAPA E PROJETO GRÁFICO Luísa Zardo
REVISÃO TÉCNICA Beatriz Saldini Behs, Christiane Vecchi da Paixão, Cibele Formel Couto Fleck, Eliane Grass Ferreira Nogueira, Mayra Dornelles Lorenzoni, Patricia Rivoire Menelli Goldfeld e Vera Maria H. Pereira de Mello
REVISÃO Fernanda Lisbôa
FOTO DA AUTORA Arquivo pessoal

Dados Internacionais de Catalogação na Publicação (CIP)

A299d   Aisenstein, Marilia
Dor e pensamento: psicossomática contemporânea / Marilia Aisenstein ; trad. Vanise Dresch. — Porto Alegre : Dublinense, 2019.
240 p. ; 23 cm.

ISBN: 978-85-8318-132-3

1. Psicologia. 2. Psicanálise. 3. Psicossomática contemporânea. 4. Metapsicanálise. I. Dresch, Vanise. II. Título.

CDD 150.195

Catalogação na fonte: Ginamara de Oliveira Lima (CRB 10/1204)

Todos os direitos desta edição reservados à Editora Dublinense Ltda.

EDITORIAL
Av. Augusto Meyer, 163 sala 605
Auxiliadora — Porto Alegre — RS
contato@dublinense.com.br

COMERCIAL
(11) 4329-2676
(51) 3024-0787
comercial@dublinense.com.br

Apresentação 7
Ana Paula Terra Machado

Prefácio 9
Admar Horn

A arte da psicanálise por Marilia Aisenstein 13
1   Da arte do arco e flecha à arte da psicanálise 15
2   Contra a noção de psicoterapia psicanalítica 27

Dor e pensamento 37
3   Valor econômico e textura da vida fantasmática 39
4   O segundo encontro 47
5   Dois pais, dois filhos... 61
6   Entre psicanálise e "necessidade de cura": 75
    o modelo do psicodrama abre um caminho
    para abordar pacientes somáticos?
7   Pequenas marcas do corpo 91
8   As exigências da representação 103

Psicanálise contemporânea 141
9   Além da desintricação 143
10 Regressões impossíveis? 157
11 Elaboração, perlaboração, cicatrização 171
12 E o quarto valsava... 187
13 Sobre a contratransferência em Lacan: 195
    algumas questões em aberto

Reflexões 209
14 Traduzir, transcrever, trair 211
15 A escrita do marquês de Sade 219

Referências 234

Apresentação

É com grande satisfação que a Sociedade Brasileira de Psicanálise de Porto Alegre publica, com edição da Dublinense, o pensamento e as ideias de Marilia Aisenstein, agora reunidos em livro.

Suas reflexões, seu rigor teórico, alicerçado na metapsicologia freudiana, e sua vasta experiência clínica são uma contribuição valiosa sobre a psicanálise contemporânea e, em especial, sobre a psicossomática psicanalítica.

Foram os fenômenos clínicos que, desde Freud, interpelaram o saber de uma época, e eles seguem desafiando a psicanálise na sua permanente reflexão sobre a subjetividade humana.

A investigação psicossomática, campo de estudos em crescente desenvolvimento, ampliou o espectro de ação da psicanálise ao abranger as organizações psíquicas que não dizem respeito às neuroses clássicas e remetem à noção de um excesso de excitação que não foi capturado pela trama das representações.

Os atos, as manifestações no corpo, no soma, em detrimento do pensamento, são cada vez mais frequentes na clínica atual. Essas manifestações implicam considerar a dimensão da destrutividade no cerne da atividade mental.

O jogo pulsional e sua interação com o objeto são um caminho para pensarmos sobre a dor que não se expressa em palavras. Toda dor pode ser compreendida pelo seu caráter traumático, como um acúmulo de quantidades, de excitação não ligada. Daí a importância de dar palavras à dor. A dor precisa ter um sentido, ser representada. Só podemos pensar e agir sobre aquilo que está representado.

Este livro tem o intuito de aprofundar tal tema e suscitar os indispensáveis questionamentos que mantêm vivo o pensamento psicanalítico.

ANA PAULA TERRA MACHADO
Presidente da SBPdePA

Prefácio

Marilia Aisenstein é psicanalista titular-didata da Sociedade Helênica de Psicanálise (Grécia) e da Sociedade de Psicanálise de Paris (SPP). Foi presidente da SPP e do Instituto de Psicossomática de Paris, IPSO-Paris.

Membro do conselho editorial da *Revue Française de Psychanalyse*, cofundadora e editora da *Revue Française de Psychosomatique*.

Foi presidente dos Novos Grupos Internacionais (ING--Committee) da International Psychoanalytical Association (IPA) e representante europeia no Comitê Executivo desta mesma instituição (IPA). Entre 2007 e 2017, foi presidente do Comitê Executivo da Clínica Social da SPP.

Atualmente é vice-secretária científica do Congresso de Psicanálise de Língua Francesa (CPLF). Trabalha em consultório particular e dá seminários nas sociedades Helênica e de Paris.

Ao longo de sua vida profissional publicou cerca de cento e trinta artigos em revistas internacionais, seis livros (quatro em grego, dois em inglês). Entre seus temas de principal interesse estão a psicossomática psicanalítica e a hipocondria.

Em 1993 recebeu o prêmio Maurice Bouvet dado ao melhor trabalho de psicanálise freudiana publicado na França naquele ano: *"De l'art de tir à l'arc"*[1].

Marilia nasceu em Alexandria, no Egito, de pais gregos, diplomatas. Aos cinco anos de idade, retornou a Atenas e, aos oito anos, sua família foi morar em Paris.

Fez estudos de Filosofia na França, com professores de grande prestígio, entre eles os filósofos Ricoeur e Levinas. Fez também uma longa análise pessoal.

Em 1978, foi aceita em formação no Instituto de Psicanálise da SPP. Em 1995, foi eleita presidente dessa mesma sociedade, após ter assumido várias responsabilidades em sucessivas diretorias da sociedade.

Interessou-se por vários temas, tais como: corpo, psicossomática, transferência, e desde muito cedo teve um especial interesse pela *dor* e pelo *masoquismo*.

Este livro em torno da obra de Marilia Aisenstein mostra a influência que seu trabalho exerce sobre a psicanálise francesa, sendo considerada uma das autoras mais originais.

A autora realça, sempre que possível, a importância que ela dá às várias sociedades de psicanálise, às quais ela pertence.

O seu engajamento na IPA tem sido intenso e desde há muitos anos participa de vários comitês de grande importância dessa instituição mundial, que congrega os psicanalistas de orientação freudiana.

Sua história está inscrita na psicanálise francesa, com seus conflitos teóricos e práticas bastante ligados às suas tramas institucionais.

A psicanálise francesa, da qual Marilia é parte integrante, além dos desacordos e conflitos existentes entre os colegas, deixa transparecer formas bastante próximas de pensamento, que a identificam. Este livro, contendo vários artigos de Marilia, nos permite observar uma cronologia que mostra, mais do que qualquer outro critério, a evolução das reflexões da autora.

[1] *RFP*, t. LVI, n. 2, 1992, p. 345-352.

O leitor desses artigos poderá apreciar as remarcáveis faculdades de observação clínica, nos mais variados campos de atuação, das quais essa autora se utiliza no trabalho com os seus pacientes. Seus textos nos mostram uma luta constante para tentar resolver as dificuldades do encontro analítico.

A psicanálise contemporânea tem necessidade de mais autores como Marilia, tanto pelo aspecto inovador das suas ideias quanto pela exposição das mesmas, que certamente serão de extrema utilidade para seus colegas psicanalistas na prática diária com seus pacientes. Um pensamento psicanalítico que não cessa de se remeter à prova de uma exigência de rigor, que ela manifesta indefectivelmente. Não se trata de uma simples consistência interna de argumentação, mas, sobretudo, de uma pesquisa contínua de adequação do sentido enunciado a essa experiência que não se fecha jamais. O leitor certamente se convencerá desse propósito, seguindo o encadeamento desses textos.

Cada artigo é suficiente por si próprio, se bem que em nenhum deles exista uma resposta exaustiva à questão que ele coloca ou que ele reitera.

ADMAR HORN

1993 — AISENSTEIN Marilia pour ses articles : De « l'art du tir à l'arc » à celui de la psychanalyse, *Revue Française de Psychanalyse*, t. LVI, n° 2, 1992, pp. 345-352 ; Des régressions impossibles ?, *Revue Française de Psychanalyse*, t. LVI, n° 4, 1992, pp. 995-1004. 31ᵉ prix Maurice Bouvet.

A arte da psicanálise por Marilia Aisenstein

1
Da arte do arco e flecha à arte da psicanálise

Da arte do arco e flecha os mestres japoneses escrevem que não se trata de uma técnica adquirida progressivamente, tampouco é uma performance, muito menos um passatempo agradável: "Deve-se considerar que, desde que esta arte não precisa mais se afirmar em competições sangrentas, seu espírito peculiar só tem se manifestado mais espontaneamente e com uma força mais convincente; não foi necessário introduzir recentemente, de forma artificial, na prática do arco e flecha, esse espírito que lhe é associado há muito tempo". Algumas páginas adiante, Herrigel, filósofo alemão especialista em Zen, diz: "O espírito do arco e flecha é uma disposição espiritual, uma aptidão, resultante de exercícios nos quais a mente ajusta o alvo, de modo que, mirando bem, o arqueiro visa também a si mesmo"[1].

De acordo com a "grande doutrina" do arco e flecha, sua prática se mantém, hoje como ontem, uma questão de vida ou morte porque se trata de um combate interno que o arqueiro perpetua em si mesmo.

Quem se torna um "artista" do arco e flecha não pode

---

[1] HERRIGEL, E. *Le zen dans l'art chevaleresque du tir à l'arc*. Paris: Dervy Livres, 1953.

permanecer incólume. Queira o artista ou não, o exercício de sua arte o modifica imperceptivelmente, atingindo a mais extrema profundeza do ser.

Isto não deixa de ser perigoso, pois o artista, transformado, nem sempre se manterá no mesmo compasso e perderá talvez certos parentes e amigos; usará, às vezes, dolorosamente, outro padrão de medidas. A especificidade dessa longa trajetória que leva ao estado de artista do arco e flecha está ligada, conforme os mestres japoneses, à essência de sua formação.

Todos os caminhos levam a Roma, como se diz. Um entusiasmo antigo por todas as formas de literatura japonesa me trouxe às mãos recentemente uma pequena obra maravilhosa com um título insólito: *Le zen dans l'art chevaleresque du tir à l'arc* ("O zen na arte cavalheiresca do arco e flecha"). Sua leitura veio bem a calhar para explicar uma série de questões, ainda mal formuladas em mim, acerca da prática deste estranho e insólito ofício que é a psicanálise.

Não sei se a psicanálise é uma ciência. Considero indispensável não esquecer que ela tem sua origem e suas raízes na neurofisiologia. Penso também que a semiologia continua sendo, diante de qualquer material, um modo de abordagem privilegiado. Mas será que podemos qualificar como sendo estritamente científica uma disciplina para a qual não são suficientes nem os conhecimentos, nem a observação, nem o raciocínio dedutivo e indutivo?

Deixando de lado esse debate, prefiro seguir adiante com a metáfora do arco e flecha. A especificidade da nossa arte não estaria enraizada nesse infinito devir, numa formação que passa por nós e em nós e perdura para sempre? Nela, todo conhecimento é uma (re)criação, reconhecida *a posteriori*. Parece-me também ser necessária uma disposição preexistente, não espiritual, mas psíquica. O senso analítico não pode ser adquirido, já se encontrando ali onde pode despontar, mas também não é suficiente para fazer "um artista da psicanálise". A meu ver, também é preciso uma paixão para alguém se tornar psicanalista: paixão pelo funcionamento mental. Quando esta nos toma, a formação é uma questão de vida ou morte. Ou essa paixão será compartilhada com nossos mestres e com nossos pacientes, ou então se extinguirá por si mesma. Creio que há, durante a formação, um ponto de não retorno em que nós também "passamos a usar, às vezes, dolorosamente, outro padrão de medidas".

Um longo caminho não desprovido de perigos como o da formação psicanalítica consiste essencialmente em aprender a comunicar, em termos de saber teórico, "alquimias" estritamente associais, egoístas e individuais. A aquisição desse saber teórico virá, por sua vez, modificar imperceptivelmente, mas profundamente, novas alquimias pessoais e individuais. A leitura, a exegese e a interpretação dos textos põem em jogo constantemente a textura de nossos investimentos e identificações, vindo nos "desequilibrar" e modificar nossas orientações.

Assim, na pretensa conclusão oficial da formação, embora esta seja de fato interminável por se tratar de uma transmissão sem fim, podemos imaginar que nos tornamos psicanalistas para sempre, que seremos às vezes psicanalistas e, em certos momentos, deixaremos de sê-lo porque paramos de exercer a psicanálise?

É dessa maneira que concebo a questão levantada hoje no título "Tornar-se psicanalista?"[2]. O que é um psicanalista advindo? Um clínico, um artista, um profissional, um apaixonado? Não seríamos psicanalistas apenas com nossos pacientes, na dinâmica transferência/contratransferência? Seria um registro de funcionamento que pode ser abandonado e retomado?

Como os mestres arqueiros para os quais as flechas e o arco se tornam desnecessários um dia, por serem tão "artistas do arco e flecha", será que não deveríamos ser inexoravelmente psicanalistas para também sabermos nos abster de sê-lo?

Para mim, encerra-se aqui a metáfora do arco e flecha, pois a leitura dos autores japoneses me faz suspeitar, de

---

2   FAIN, M. Colloque de Deauville: Introduction. *RFP*, n. 3, p. 709, 1983.

fato, de que o estado de "artista", no caso deles, terminaria e implicaria uma *Weltanschauung* (cosmovisão).

É justamente deste assunto de que trata a última das *Novas conferências introdutórias sobre psicanálise*[3], aquela que Max Schur disse ser o credo de Freud[4]. Credo que, aliás, é um anticredo, por sua recusa de qualquer ilusão. Compartilho dessa ideia e, quanto ao texto citado, concordo com Freud em todos os pontos: a psicanálise é inapta para fornecer uma *Weltanschauung*. Ela não é uma concepção do mundo. Além disso, ser psicanalista não é um estado que se alcança de uma vez por todas e que colore nossa visão do universo.

♦

COMO PENSAR UMA AVENTURA QUE SE TORNARÁ DEPOIS UM OFÍCIO?

Este tema é, no meu entender, muito audacioso, mas traz implicitamente a questão do enquadramento. Limito-me então a abordar apenas duas subdivisões. Retomo os "nossos pequenos assuntos cotidianos", palavras de Freud para definir o assunto da penúltima conferência (*XXXIV conferência*), intitulada "Explicações, aplicações, orientações"[5], em que trata, entre outras questões, das diversas modalidades terapêuticas, das variações do enquadramento e dos limites da psicanálise. Ele se insurge contra os experimentos abusivos e contra os psicoterapeutas que fazem uso ocasional da análise. Estes a diluíram, talvez a "desintoxicaram", e Freud recusa considerá-los como psicanalistas. Algumas páginas antes, contudo, ele havia afirmado: "A atividade psicanalítica é árdua e exigente; não pode ser manejada como um par de óculos que se põe para ler e se tira para sair a caminhar.

---

3   FREUD, S. *Nouvelles conférences d'introduction à la psychanalyse*. Paris: Gallimard, 1933. [Cf. em português: *Edição Standard Brasileira*, v. XXII].
4   SCHUR, M. Capítulo 21. *La mort dans la vie de Freud*. Paris: Gallimard, 1972.
5   FREUD, S. *Nouvelles conférences d'introduction à la psychanalyse*. Paris: Gallimard, 1933. [Cf. em português: *Edição Standard Brasileira*, v. XXII].

Via de regra, a psicanálise possui [...] inteiramente ou não o possui em absoluto"[6].

Meu propósito se situa entre essas duas posições.

Tentarei tecer algumas considerações sobre o funcionamento analítico e as variações do enquadramento, e depois sobre o que chamo de funcionamento psicanalítico paradoxal.

◆

FUNCIONAMENTO ANALÍTICO E VARIAÇÕES DO ENQUADRAMENTO

Deixo de lado o problema das indicações e da eterna controvérsia entre psicoterapia psicanalítica e psicanálise. A experiência compartilhada de casos difíceis parece nos ter levado a concordar com a ideia de que, se praticadas por analistas experientes, muitas psicoterapias, assim como o psicodrama como tratamento, são estritamente psicanalíticas. Estendo aqui os limites da psicanálise para fora de um enquadramento que busca estabelecer um processo cuja finalidade continua sendo a organização de um material pela transferência.

Para abordar a questão de saber se é possível ser psicanalista fora do estrito exercício da psicanálise, proponho o exemplo de uma consulta única solicitada não pelo sujeito, mas por um médico especialista, sem qualquer finalidade de modificação interna do sujeito, mas para dar um parecer de "psicanalista-psicossomatista" antes de tomar uma decisão sobre uma intervenção cirúrgica.

O senhor D. me foi encaminhado pelo doutor R., reumatologista, que hesitava em classificar como "urgência" uma indicação de operação de ciático para um homem de trinta e quatro anos. O doutor R. vinha constatando há muito tempo recidivas espantosas da dor após certas intervenções cirúrgicas, mesmo tendo certeza da validade da operação e da pertinência da indicação. Este médico atento concluiu,

---

6   FREUD, 1933, p. 204. [*ESB.*, p. 102-103].

então, que obscuros investimentos do sofrimento físico podiam comprometer os resultados, apesar de sua comprovação científica.

Obviamente, o doutor R. não me pede para dar uma resposta definitiva, mas para "conversar" com o seu paciente. Este reivindica ruidosamente uma operação que será "a solução final" para suas dores. A expressão empregada alertou o doutor R., e, de fato, me fez pensar. Foi nesse contexto que atendi D., um homem bonito, bronzeado, corpo esguio. Sua elegância refinada parecia um pouco ultrapassada, em 1988, para um jovem cineasta. Ele já começou se queixando. A consulta lhe parecia absurda e, segundo ele, era para satisfazer a vontade de um médico velho. Sentia dor, não queria saber de esperar, não tinha tempo a perder, pois tinha projetos que, aliás, eram de curto prazo. Espontaneamente, o paciente repete as palavras "solução final" e zomba do movimento que observou no doutor R. Talvez não devesse ter usado essa expressão na frente de um médico que é possivelmente de origem judaica? Para ele, a expressão não tem absolutamente essa conotação... Não fiz qualquer intervenção sobre esse tema e respeitei o silêncio que se instalou. Depois, fiz algumas perguntas sobre seus projetos e conversamos sobre a sua profissão. Apaixonado pela sétima arte, situa-se, diz ele, "atrás da tela, ao lado da projeção". A respeito disso, perguntei-lhe se tinha interesse pelos seus sonhos, que, no fundo, são produções cinematográficas internas... Diante de sua resposta afirmativa, perguntei-lhe sobre a possibilidade de me contar um ou dois. Com uma ponta de ironia, ele relatou quatro sonhos e terminou dizendo: "Sua interpretação?". Obviamente, não fiz nenhuma interpretação e lhe disse que não o faria, mas apontei um detalhe que me chamou a atenção por ser comum a todos os seus sonhos. Retomamos juntos o aspecto visual das quatro cenas que ele trouxe. Eu o faço notar que está deitado, sentado, estendido no chão, voando no ar, mas, aparentemente, nunca de pé sobre suas duas pernas. Explico-lhe que, em matéria de psiquismo, nunca se conclui "com urgência", e traço para ele alguns mecanismos da criação do sonho, que, acima de tudo, é o guardião do sono. Por conta própria, falou então sobre o avô materno, o único personagem masculino investido, um homem poderoso e enfermo...

Depois de cerca de cinquenta minutos, explico-lhe novamente que não passa pela mente do doutor R. que eu indique ou contraindique uma decisão de ordem médica, que, para o cirurgião, é importante operar em boas condições, as quais incluem o estado psíquico, e, por fim, que, por trás de um sentimento de urgência, pode estar escondido um sentimento de pânico. Dou-lhe a metáfora de um nadador angustiado que decide se atirar correndo de um trampolim alto para contornar seu medo de entrar na água.

Depois de eu dizer isso, nós nos despedimos. Dois meses mais tarde, fiquei sabendo que a operação foi adiada. Talvez acontecesse se a tentativa de outro tratamento não surtisse efeito.

O que se pode dizer sobre essa entrevista — prefiro chamar de "encontro" a dizer consulta — ao final da qual, aliás, não proponho tratamento nem conselho?

Não foi uma sessão, pois não penso que se possa falar em enquadramento analítico. Aliás, abstive-me de qualquer ligação interpretativa. Em compensação, acredito que algo como um interesse existente pelo seu funcionamento psíquico surgiu em D., permitindo-lhe talvez uma temporização, enquanto seu medo o compele à evitação.

O confronto com o funcionamento psíquico de outrem não mereceria ser considerado como um ato psicanalítico, mesmo "fora do ofício"? Deveríamos nos abster totalmente de momentos como esse? E poderíamos agir de outra forma a partir do que somos? São perguntas que me ocorrem com frequência, como o que Freud chamou de "nossos pequenos assuntos cotidianos", mas que ficam às vezes em aberto.

Eu gostaria de passar agora a um assunto próximo e contíguo, que eu denomino *funcionamento psicanalítico paradoxal*. Não sei se este termo é correto ou aceitável, mas vou mantê-lo provisoriamente.

◆

O FUNCIONAMENTO PSICANALÍTICO PARADOXAL

Num momento de reflexão sobre o funcionamento do psicanalista, fora do âmbito do exercício de sua função, vieram-me à mente sessões *stricto sensu* em que, de repente, nos sentimos desarmados, parasitados por elementos que nos fazem perguntar qual é o nosso registro de escuta. Li dois artigos que me agradaram muito e que tratavam dessa questão de forma diferente e notável: "Quand une inquiétante réalité envahit le travail du psychanalyste" (Urtubey)[7] e "Danger de mort" (Gilbert Diatkine)[8]. Não vou resumi-los aqui, limitando-me apenas à referência a eles. Por vezes, na condução de uma psicanálise *standard*, algo pode vir colocar o psicanalista em estado de alerta. Trata-se muitas vezes da percepção de um fragmento de realidade que entra em conluio com o material fantasmático.

Tratando desse assunto, Claude Janin[9] propôs a hipótese interessante de um "colapso tópico interno", em que desmorona a barreira que separa interno e externo. O subsequente estado de alerta contratransferencial seria, no meu entender, uma vacilação da ordem de uma angústia-sinal de alarme, transmitida para restabelecer essa barreira no analista.

Não poderíamos falar da urgência não só em separar o que pertence à realidade de cada um dos dois protagonistas, mas também em ampliar o olhar, ou seja, aceitar funcionar em vários registros?

O que teria acontecido com os dois pacientes citados nos artigos mencionados anteriormente se seus analistas tivessem ficado confinados na atenção flutuante e na total neutralidade?

7 URTUBEY, L. Quand une inquiétante réalité envahit le travail du psychanalyste. *RFP*, n. 2, 1982.
8 DIATKINE, G. Danger de mort. *RFP*, n. 3, 1988.
9 JANIN, C. *De la réalité de la séduction à la séduction de la réalité*. Lyon: 1987.

Essa pergunta é pertinente, mas não é disso que estamos tratando nestas páginas. Não pretendo comentar a abordagem dos psicanalistas em cada situação respectiva, tampouco a pertinência de suas intervenções, mas o caráter *estritamente psicanalítico*, porque tomado na contratransferência, de uma posição aparentemente transgressiva.

Deixemos de lado os exemplos extremos em que um perigo vital externo vem ameaçar o paciente; perigos menores também existem. De qualquer modo, ignorar um estado de alerta transmitido pelo paciente me parece ser uma contra-atitude psicanalítica interna. O risco poderia ser, entre outras coisas, reforçar no paciente o sentimento de onipotência e, sobretudo, de *desencarnação* do psicanalista, estabelecendo assim o que Michel Fain chamou de "comunidade da recusa"[10]. Creio que, em psicanálise, essas tentações de recusa da realidade visam à exclusão do corpo em sua materialidade e, portanto, em sua finitude.

Penso que o movimento interno que ditou a Urtubey e a Diatkine as intervenções relatadas por eles foi — por paradoxal que isso seja — estritamente psicanalítico.

Antes de terminar, eu gostaria de comentar um último caso: um estado de alerta fora de qualquer enquadramento psicanalítico. Trata-se de uma experiência pessoal em que eu não neguei, mas recusei cientemente um sentimento de alerta, mesmo tendo sido vivenciado.

Fui chamada em um departamento médico, ao leito de uma criança de doze anos, não como psicanalista, mas na qualidade de intérprete. Nem a criança nem a mãe falavam sequer uma palavra em francês, mal me conheciam, mas ficaram sabendo que eu era psicanalista por intermédio do psicólogo do departamento, que sugeriu essa intermediação linguística. Certa manhã, uma enfermeira me pediu para passar no hospital o mais rápido possível. Ao chegar lá, encontrei uma situação de crise: exames marcados e planejados, a criança aos prantos, mostrando-se indecisa, mas

---

10 FAIN, M. *Le désir de l'interprète*. Aubier-Montaigne: 1982, p. 47.

dócil, enquanto sua mãe, em pânico, impedia fisicamente que levassem o menino. Ela me explicou que havia tido pesadelos horríveis, que a angústia gerada persistia e aumentava e que não queria que nada fosse feito com o filho nesse dia. Durante a conversa, senti-me literalmente invadida pelo medo demonstrado por essa mãe e me lembro de ter tentado intervir em seu favor. Eu poderia certamente ter solicitado o adiamento dos exames. Considerando que meu papel era traduzir e não substituir minha colega que estava ausente nessa hora, abstive-me. Logo consegui convencer a mãe a se acalmar, e fui embora ainda muito angustiada. Meia hora depois, o menino veio a sofrer um choque anafilático pelo iodo, que colocou sua vida em perigo e necessitou de uma reanimação.

Alguns anos depois, percebi ter tido o que chamo de uma "atitude interna contra mim mesma" (uma contra-atitude). Estritamente fora de qualquer enquadramento, comportei-me como uma psicanalista rígida, devido à minha inexperiência, e, acreditando no dever de me abster, recusei simplesmente ouvir o que uma mãe em alerta me havia transmitido. Em nome de um enquadramento analítico inexistente, embora eu o tivesse falsamente na cabeça, sem clareza quanto a minha função, quis negar o que devia ser da ordem de uma percepção compartilhada ou uma transmissão[11] da angústia[12]. Obrigando-me a me mostrar "neutra" ou "científica", falhei numa situação simples da vida.

Da arte do arco e flecha à formação do psicanalista em evolução e ao seu funcionamento psíquico na análise e na vida, muitas questões se apresentam. Para Freud, "quase parece como se a análise fosse a terceira daquelas profissões impossíveis quanto às quais, de antemão, se pode estar seguro de chegar a resultados insatisfatórios. As outras duas, conhecidas há muito mais tempo, são a educação e o

---

11 FREUD, S. *Nouvelles conférences d'introduction à la psychanalyse*. Paris: Gallimard, 1933. [Cf. em português : *Edição Standard Brasileira*, v. XXII].
12 "L'angoisse". *Les cahiers du centre de psychanalyse*, n. 20, primavera de 1990.

governo"¹³. O que pensar dos caminhos que levam ao exercício de uma profissão "quase impossível", a não ser o fato de que são árduos, difíceis, dolorosos e de que exigem paciência, paixão, tenacidade e humildade. Nesse sentido, a metáfora do aprendizado do arco e flecha, conforme a "grande doutrina", pareceu-me ter certo interesse.

Embora a comparação seja inusitada, algumas reflexões acerca do confronto consigo mesmo, do domínio e da solidão se aplicam também à arte da psicanálise, em que não se deve perder de vista que, "mirando bem o alvo, visa-se a si próprio".

---

13 FREUD, S. Analyse avec fin et analyse sans fin. *Résultats, idées, problèmes*, II. Paris: PUF, 1985, p. 263. [Cf. em português: *Edição Standard Brasileira*, v. XXIII, p. 160].

2
Contra a noção de psicoterapia psicanalítica[1]

Como já escrevi, a psicoterapia psicanalítica não existe. Oriunda do mesmo corpo teórico e metapsicológico da psicanálise, ela se baseia na escuta do discurso de um paciente, no enquadramento de uma sessão, e não pode ser senão "psicanalítica": se não for conduzida por um psicanalista, não é psicanalítica. Tal afirmação parece ser freudiana tão simplesmente. Não tenho dúvida quanto à existência de outras formas de terapia ou mesmo de psicoterapia. Eu jamais me atreveria a avaliá-las, não dispondo de conhecimento nem meios para isso, e muito menos a sugerir sua ineficácia. Considero aqui tão somente o campo das psicoterapias ditas "psicanalíticas" ou denominadas, às vezes, "de inspiração psicanalítica", designação esta que, a meu ver, é enigmática e capaz de alimentar certa confusão nas mentes.

Para Freud, a psicanálise é um "tratamento". Ela é terapêutica e, segundo ele, a melhor das psicoterapias, *prima inter pares*, não porque seja hierarquicamente superior, mas por nos servir de modelo teórico-clínico. Na conclusão de sua *XXXIV Conferência*, Freud comenta: "Se não tivesse valor

---

1   Uma versão deste texto foi publicada em inglês: FRISCH, S. *Psychoanalysis and psychotherapy*. Londres: Karnas, 2000.

terapêutico, não teria sido descoberta, como o foi, em relação a pessoas doentes, e não teria continuado, desenvolvendo-se por mais de trinta anos". Estamos em 1933.

A psicanálise como saber científico e o seu exercício são indissociáveis e se mantêm em constante interação. Parece-me inconcebível um pensador ou pesquisador em psicanálise que não a exerça na clínica, do mesmo modo que não acredito na existência de "bons clínicos" que não se baseiem em sólidos conhecimentos teóricos. Alguns não têm o talento da expressão oral ou escrita, mas isto é outra coisa. No despontar deste século XXI, no cerne mesmo das instituições psicanalíticas mais respeitáveis, sopra um vento altamente tóxico que não posso deixar de relacionar com a última definição freudiana da pulsão de morte como moção de desligamento. Este vento tóxico se origina de um espírito de desligamento em que a psicanálise se divide e se diversifica. Alguns se tornam teóricos, outros se dedicam a investigações empíricas que requerem conhecimentos conexos e, por fim, outros ainda, tendo adquirido uma formação psicanalítica certificada, ensinam e exportam a psicanálise a diferentes disciplinas. Deste mesmo espírito que qualifico como "altamente tóxico" — peso aqui minhas palavras — provém também a ideia de formar para o "trabalho infame" — diga-se de passagem, aquele com os pacientes mais difíceis e de maior risco — "psicoterapeutas" que, embora tenham sido formados por psicanalistas, não têm experiência pessoal na condução de uma análise standard. Como é possível usar um modelo e divergir dele, adaptando-o às situações, sem dominá-lo plenamente? Como se abster de fazer uma interpretação sem ter a experiência da interpretação clássica de transferência? Estas são minhas primeiras interrogações, às quais voltarei mais adiante.

♦

A QUESTÃO POLÍTICA
Por trás de uma aparência "aberta", para não dizer dema-

gógica, delineia-se um eterno desejo hierárquico que poderia facilmente ser compreendido em termos de estudo de mercado: os mais graduados como, por exemplo, os psicanalistas-didatas, membros efetivos de uma associação internacional ou mundial de psicanálise, os quais poderíamos definir como generais "cinco estrelas", garantem para si uma clientela fácil, formada por alunos dos institutos e por outros que, se fossem recusados, ainda assim se tornariam psicoterapeutas de primeira ordem, posto que foram analisados por um "cinco estrelas". Esses psicoterapeutas, dependentes de psicanalistas certificados, atendem pacientes "não neuróticos": borderlines, psicóticos, psicossomáticos, neuroses de caráter grave. Se tiverem dificuldades, não importa, pois poderão recorrer a ensinamentos ou mesmo supervisões onerosas, mas enriquecedoras, com um "cinco estrelas"! Na melhor das hipóteses, de qualquer maneira, encontrarão um "três estrelas" que ficará feliz em dispensar-lhes seu saber. No pior dos casos, se estiverem realmente excedidos, serão eventualmente aconselhados a voltar para o divã...

Além desse aspecto comercial corriqueiro do qual nenhuma profissão escapa, não estaríamos presenciando uma verdadeira perversão do sistema que não faz senão reforçar as diferenças tanto para os pacientes como para os terapeutas e que, em minha opinião, não deixa de levantar algumas questões éticas? Menciono apenas uma, entre tantas outras, escolhida aleatoriamente: o que pensar de um psicanalista-didata que, dentro de uma comissão de ensino, participa da decisão de recusar um candidato, mas, fora da instituição, aceita supervisioná-lo, chegando até a lhe encaminhar pacientes difíceis e frágeis com os quais os "alunos oficiais" do seu instituto talvez não ousassem se aventurar?

Embora eu tenha me referido inicialmente, num movimento espontâneo do meu estado de espírito, aos aspectos políticos e éticos da questão, estes são, a meu ver, secundários em relação à filosofia e à teoria que me fazem denunciar o exercício da psicoterapia psicanalítica por não psicanalistas. Antes de qualquer coisa, preciso esclarecer um ponto: não me coloco no plano institucional. Chamo de psicanalistas, independentemente da escola, aqueles que exercem a psicanálise e têm experiência em análise standard, mesmo que muitos de seus pacientes não se enquadrem nesse tratamento.

A análise standard e a análise da neurose de transferência fazem parte de um modelo inevitável e sempre vigente que é aquele das psiconeuroses de defesa. Enquanto fato cultural e revolução científica, a psicanálise é oriunda do estudo do funcionamento mental de pacientes histéricos, primeiramente, e depois, de modo geral, de pacientes que sofrem de neurose mental. O método psicanalítico é indissociável de um corpo teórico que busca, a partir da clínica, explorar não só a estrutura profunda do aparelho psíquico, mas, sobretudo, as forças que nele atuam. Em psicanálise, a escrita é a reelaboração *après-coup* de uma experiência, buscando reformular, com o auxílio de categorias conceituais, uma compreensão que seja transmissível. O conceito de recalque é fruto do encontro de Freud com a histeria; a conceituação da transferência como ferramenta está ligada às dificuldades de Freud em seus primeiros tratamentos; as noções de projeção e clivagem são formuladas porque o recalque não é suficiente para explicar os mecanismos de defesa que de Freud suspeita na psicose. A segunda teoria das pulsões e, consequentemente, a elaboração da segunda tópica são o resultado dos fracassos de Freud na clínica: reação terapêutica negativa, caráter inanalisável, etc. Em 1924, Freud retoma sua primeira definição do masoquismo para postular a existência de um masoquismo erógeno primário, inacessível conceitualmente sem a hipótese da pulsão de morte.

A teoria psicanalítica — e o percurso de Freud é exemplar neste aspecto — não pode ser obra de pensadores que não estejam mergulhados numa prática cotidiana feita de erros e decepções, às vezes de espanto também, mas que atacam questões aborrecedoras e obrigam constantemente a redescobrir a metapsicologia. Imaginar que profissionais que disponham apenas de uma parte da experiência e que saibam recorrer somente a certas noções possam trabalhar com pacientes me parece loucura. Trata-se, nestes casos, de um desvio em que o saber psicanalítico evolui por conta própria como disciplina cultural ou científica, mas estaria apartado da experiência íntima de uma sessão, da mobilização da transferência e, portanto, mais do que isso, do que significa interpretar. A título de exemplo, tomemos apenas a questão da interpretação.

♦

A INTERPRETAÇÃO VIRTUAL
Uma definição clássica da interpretação seria:
• destaque, pela investigação analítica, do sentido latente; a interpretação traz à luz as modalidades do conflito defensivo e tem em vista o desejo que se formula em qualquer produção do inconsciente;
• no tratamento, comunicação feita ao sujeito, visando dar-lhe acesso a esse sentido latente, segundo as regras determinadas pela direção do tratamento[1].

Lembramos aqui que Aristóteles dizia que enunciar alguma coisa sobre alguma coisa já é uma interpretação. Todas as discussões sobre o que seriam interpretações e as intervenções que não seriam me parecem desnecessárias aqui. Todo enunciado formulado pelo analista tem valor interpretativo, independentemente de sua vontade. A interpretação surge da união de dois pré-conscientes em trabalho no espaço virtual do enquadramento que constitui a unidade de uma sessão. Ela vem ao analista conforme o material trazido pelo paciente naquela sessão. Não basta dizer que

---

1 Cf. LAPLANCHE; PONTALIS. *Vocabulaire de la psychanalyse*. p. 206-209 [*Vocabulário da psicanálise*, p. 245].

sua construção se deve à experiência e ao saber teórico do psicanalista, pois é preciso também reconhecer que ela se impõe em função dos automatismos psíquicos que governam o tratamento[2].

Denominei-a interpretação virtual para mostrar que é virtualmente infinita e se desenrola, sob o efeito de diversas forças, num espaço potencial que jamais se apresentará de forma idêntica. Virtual é também a interpretação que surge e que todo psicanalista atento se abstém de formular e transmitir, deixando-a em latência. Se ele se abstém não é porque essa interpretação não seja válida, mas por ela ser inadequada para determinado paciente em determinado momento do processo.

No entanto, para abster-se, é preciso saber por que e de que se abster, isto é, de que divergir. Para que uma interpretação seja retida, ela precisa ter sido formulada internamente. O leitor há de concordar comigo, então, que alguém não deixa de ser psicanalista para se tornar psicoterapeuta porque guardou para si a intervenção clássica que teria se imposto em outras circunstâncias.

Não passa pela cabeça de ninguém que um médico que decida não prescrever nada diante de um determinado quadro clínico deixe de ser médico a partir daquele momento, ou então que um advogado que desaconselhe uma ação seja destituído de sua função por assumir uma posição de espera. A psicanálise, como escreveu Freud também na *XXXIV Conferência*, é:

> árdua e exigente; não pode ser manejada como um par de óculos que se põe para ler e se tira para sair a caminhar. Via de regra, a psicanálise possui o médico inteiramente, ou não o possui em absoluto. Aqueles psicoterapeutas que empregam a psicanálise, entre outros métodos, ocasionalmente, não se situam em chão analítico firme; não aceitaram toda a análi-

---

2 Cf. ROLLAND, J.-C. Différend, conversion, interprétation. *Guérir du mal d'aimer*. Paris: Gallimard, 1998, p. 147-169.

se, tornaram-na aguada — mudaram-lhe a essência, quem sabe...[3].

Esse texto não me parece obsoleto nos dias de hoje, e não consigo imaginar que seja diferente, a não ser que se considere a psicanálise ultrapassada em sua totalidade. Referindo-me estritamente ao terreno da interpretação que chamo de virtual, seu enunciado ou sua não enunciação, como o infinito combinatório que lhe dará sua formulação definitiva, dependem do psicanalista, razão pela qual quanto mais minuciosa e paciente tiver sido sua formação, melhor será. Mas dependem também, essencialmente, da organização psíquica do paciente com o qual o psicanalista interage.

Um único e mesmo modelo teórico-clínico, uma mesma referência a um único corpo metapsicológico

Por que e em nome de que decretar que a extensão de um mesmo modelo científico, necessariamente adaptado a novas patologias, faz dele outra coisa? Recuso e considero um erro lógico a ideia de que uma única e mesma prática muda em sua essência conforme as modalidades técnicas adotadas. Emprego aqui o termo essência de acordo com a estrita definição husserliana da variação eidética. Em função dos materiais e de sua inspiração, o escultor pode usar a tesoura, o martelo, a faca, mas nem por isso deixa de ser escultor. Diante de uma mesma paisagem, dez pintores talentosos, cada um com um talento diferente, usarão guache, óleo, aquarela em suas execuções singulares (interpretações), mas a essência continua sendo uma só.

A extensão da psicanálise a pacientes não neuróticos, borderlines, psicóticos, psicossomáticos não deixa de criar outros parâmetros técnicos, como a frequência das sessões e a modalidade face a face. Estes devem ser considerados apenas como parâmetros ou reformulações do setting em

---

3 FREUD, S. *Éclaircissements, orientations, applications*. Paris: Gallimard, 1984, p. 182-211. [Cf. *Edição Standard Brasileira*, v. XXII, p. 102-103].

função da organização psíquica e da patologia dos pacientes. Tal extensão é perfeitamente necessária à sobrevivência da psicanálise como práxis e como teoria científica. Somente o estudo constante dos limites do campo da psicanálise pode nos permitir existir.

Todavia, postulo que toda prática exercida nos limites requer o perfeito conhecimento do que designo como o "cerne" da disciplina: o modelo da neurose. Para reconhecer se a transferência é mais da ordem da apetência relacional ou se e como é idealizada, fetichizada, é preciso ter-se conhecido a neurose de transferência clássica. Não penso que somente a experiência individual de uma análise pessoal seja suficiente para fazer um psicanalista. Em compensação, acredito que apenas o manejo de pelo menos três tratamentos no divã — percurso mínimo geralmente exigido — pode dar uma experiência interna de análise suficiente para considerar integrado o modelo.

Trabalho psicanalítico face a face

A chamada psicoterapia psicanalítica ou de inspiração psicanalítica é, a meu ver, um trabalho de psicanálise conduzido por um psicanalista em circunstâncias consideradas bastante complexas para o uso dos parâmetros.

A finalidade de uma psicoterapia psicanalítica não poderia ser outra além daquela da análise, isto é, a mudança psíquica. Não interpretar a transferência é uma decisão técnica, como pode ser, por exemplo, a decisão de respeitar uma clivagem de objeto. A psicoterapia dita "de apoio" é uma modalidade segundo a qual se privilegia a relação em detrimento da transferência. Trata-se, no meu entender, de um tempo de abstenção interpretativa que pode ser indispensável, mas não constitui absolutamente um caso isolável como método em si. Isolar essa modalidade e querer que seja exercida por profissionais que não sejam psicanalistas significaria dizer que consideramos impossível a mudança psíquica que defendemos e buscamos. Além disso, a passagem de um modo de intervenção psicanalítico a um modo mais psicoterapêutico nem sempre está ligada ao setting. De acordo com a organização psíquica do paciente, a experiência e as opções teóricas do psicanalista, podem-se estabelecer psicoterapias no divã, num ritmo de cinco vezes por semana, como também psicanálises face a face. Pessoalmente, eu gostaria que todo trabalho psicanalítico fosse denominado "psicanálise", seja face a face ou no divã, e que fosse especificado o enquadramento[4].

Não nos acontece também, com um mesmo paciente e em função dos aspectos clássicos da transferência ou das circunstâncias do momento, de estarmos na interpretação e às vezes intervir mais perto do eu? Não se trata apenas de interpretar a transferência, trata-se também de acolhê-la e de ouvi-la, aguardando que ela se organize e organize um material, por mais pobre que seja este no início. Entendo que não é possível ser psicanalista sem a convicção da força do inconsciente e uma esperança inflexível no trabalho de pensar. Pensar é muitas vezes doloroso, difícil, repleto de prazer, mas irredutível a um destino: sempre pode ser feito de outro modo, e toda história também pode ser contada diferentemente.

◆

CONCLUSÃO

Eu quis defender aqui opções que são estritamente freudianas, não em nome da história, mas porque a leitura de Freud me parece ainda espantosamente moderna. Creio que isto está ligado a uma escrita feita da elaboração de um confronto constante com o inconsciente, com as forças conflituosas do psiquismo, com o mal-estar, a destrutividade, o sofrimento. Em seguida, recusei veementemente o que considero ser um falso debate: opor e comparar a psicanálise e

---

4 AISENSTEIN, M. On est prié de ne pas tourner le dos. *Débats de psychanalyse*. 1998.

a psicoterapia psicanalítica, quando ambas são apenas variações de um único e mesmo método, baseadas na mesma doutrina e tendo a mesma finalidade.

Pregar certa pureza psicanalítica não quer dizer absolutamente não se engajar. Já escrevi muito em outras oportunidades que o psicanalista de hoje tem de ir a campo. Psicanalistas devem trabalhar em hospital psiquiátrico, em hospital geral, em prisões, no serviço público em geral e com pacientes extremos... Isso vale para a própria sobrevivência da psicanálise. Como ir a campo sem fazer da análise uma adaptação desprovida de vigor? Este é o desafio que nos cabe enfrentar hoje, mais do que nunca.

Dor e pensamento

3
Valor econômico e textura da vida fantasmática

Estou muito feliz e emocionada por estar aqui. Agradeço aos organizadores por terem me convidado. A minha breve exposição será mais falada do que construída como um texto, e peço desculpas por isso. Mas cada um faz as coisas ao seu modo, e a minha intenção nesta manhã é, principalmente, agradecer a Michel Fain e prestar homenagem a sua obra, procurando mostrar, em pequenas pinceladas, a imensa contribuição de seu pensamento tão tradicionalmente freudiano e, ao mesmo tempo, sempre tão original para os psicossomatistas como nós. Enquanto preparava estas palavras, constatei o quanto é difícil fazê-lo quando o afeto está envolvido, pois nem sempre se tem o distanciamento necessário em relação a um autor. Ora, para todos os psicossomatistas da segunda geração, Michel Fain é um grande mestre que, de fato, muito os enriqueceu. Michel, dirijo-me diretamente ao senhor para lhe dizer o quanto toda a reflexão clínica dos psicossomatistas de hoje lhe é devedora. Em particular, sua excepcional diversidade me parece totalmente frutífera. Isso quer dizer que, no Instituto de Psicossomática Pierre Marty (IPSO), não há apenas uma voz, mas realmente muitas vozes e também muitas formas de pensar, donde a riqueza atual da escola.

O título que escolhi (*Valor econômico e textura da vida fantasmática*) é um pouco vago. Certamente, a sua obra, Michel, é considerável; não repetirei o que François Duparc disse. Concentrei-me mais em dois textos: *Prélude a la vie fantasmatique* ["Prelúdio à vida fantasmática"] e um texto considerado seminal para o pensamento atual sobre psicossomática que o senhor intitulou *Préambules à une étude métapsychologique de la vie opératoire* ["Preâmbulos a um estudo metapsicológico da vida operatória"] (esse texto foi publicado em duas partes, em dois números da Revue Française de Psychosomatique).

Éramos um pequeno grupo congregado ao redor do senhor e pudemos assistir ao nascimento de suas ideias. Éramos Robert Asséo, Alain Fine, Jean-Paul Obadia, Michel Ody e eu mesma, para citar apenas alguns que estiveram presentes desde o início. Lembro-me de nosso encantamento ao vê-lo complexificar cada vez mais nossa compreensão de uma clínica particularmente difícil. Difícil, em primeiro lugar, por ser absolutamente árida, muitas vezes pesada do ponto de vista contratransferencial.

Sua enorme contribuição consistiu em nos levar a tentar repensar, diante dessa clínica, os próprios processos do pensamento. Com efeito, as coisas não são tão simples quanto parecem. Um conceito como o de vida operatória é, em definitivo, muito mais um modelo baseado em momentos da clínica do que uma verdadeira entidade. Toda a clínica dos transtornos somáticos nos mostra a coexistência habitual de traços atípicos neuróticos, de caráter e até mesmo psicóticos, que buscam se atenuar quando a desordem somática prevalece, mas que, mesmo assim, coexistem com ela. Tal clínica somática evidencia uma economia das mais complexas. Penso que se trata de algo muito importante que o senhor introduziu sutilmente aqui e acolá em sua obra com vistas a nos fazer trabalhar sobre a utilização individual da linguagem, obrigando-nos a prestar muita atenção nela, na medida em que ela revela as diferenças de funcionamento. Isto nos levou a entender essa utilização variável da linguagem em termos de organização. Tais organizações, teoricamente diferentes, podem, no entanto, coexistir e até se influenciar umas às outras.

Essa visão que o senhor preconizou me parece muito mais sofisticada, mais refinada do que aquelas que utilizávamos antes; ela nos obriga a transitar constantemente entre o pré-consciente da primeira tópica e o eu da segunda tópica.

Acredito, Michel Fain, que foram o seu grande conhecimento e o seu olhar sobre a criança que lhe permitiram chegar a esse tipo de esclarecimento, mas gostaria de lhe pedir a confirmação. Não penso apenas no trabalho que o senhor realizou com Léon Kreisler e Michel Soulé, publicado sob o título *L'enfant et son corps* ["A criança e seu corpo"], que é muito importante, mas também em *La nuit, le jour* ["A noite, o dia"], em que o senhor tomou a insônia precoce como exemplo paradigmático para acompanhar o desenvolvimento da libido. Desse momento em diante, o senhor nos tem mostrado como os desenvolvimentos prematuros procuram suprir as carências precoces da organização da estrutura psíquica ou, mais precisamente, as falhas do enquadramento oferecido pelo ambiente como base para a estrutura psíquica. Assim, tais desenvolvimentos prematuros ocorrem gerando distorções na própria evolução.

Essa leitura o levou a trabalhar com noções como a de prematuridade do eu, tendo de retomar, para isso, o conceito de libido. Este conceito — lembro, para aqueles que não sabem — havia sido um tanto abandonado por Pierre Marty, que negou sua utilidade em psicossomática em função de seu sentido energético, dizia ele. Já o senhor, Michel Fain, retomou o conceito de libido a fim de estudar ainda mais de perto a tessitura de todos os movimentos pulsionais.

Como disse há pouco François Duparc, o seu pensamento costuma ser difícil. Faço aqui um pequeno parêntese para relembrar um dos meus primeiros encontros com o senhor.

Ainda novata no IPSO e muito emocionada por conhecê-lo, confidenciei-lhe que tinha tido dificuldade para ler um texto seu. O senhor ralhou comigo, dizendo-me então que eu só precisava me esforçar mais! Eu não lamento o ocorrido, porque, de fato, foi o que fiz.

Assim, o que aprendemos com o senhor foi a repensar os fenômenos clínicos com a contribuição de toda a metapsicologia freudiana e da segunda teoria das pulsões, o que me parece essencial para o pensamento da psicossomática atual. Aquilo que aparecia como uma simples agenesia, por exemplo, mostrou ser a configuração de um sistema de valores encarregado de recusar a incompletude estrutural. Esta noção de recusa de uma incompletude me parece crucial. Sua configuração se dá a partir de uma negação da realidade que resulta na formação de uma plenitude baseada, ela mesma, numa neorrealidade que encontra no *socius* os ideais que a valorizam. Esta é, no mínimo, uma compreensão do comportamento e da neurose de comportamento infinitamente mais rica do que a descrição um tanto fenomenológica que tínhamos deles.

Não é apenas pela beleza teórica da coisa, que, sem dúvida, existe; mas, a partir desses achados, não mais podíamos ter o mesmo olhar clínico nem a mesma contratransferência diante desses pacientes. Porque a complexificação do pensamento e da teoria atingem a contratransferência. E é neste sentido que ela representa um enriquecimento formidável, mesmo para simples psicanalistas que somos.

Eu estava falando do que se configura sobre uma recusa da realidade e que encontra no *socius* ideais valorizadores. No entanto, esses ideais escondem um desejo latente, diz Michel Fain, e esse desejo latente continua sendo sempre o pênis que falta à mãe. A partir desse momento, o senhor, Michel Fain, nos mostrou como esse ideal exige ser validado de forma permanente, não dando descanso ao sujeito, ao se opor constantemente ao verdadeiro narcisismo, que tende à completude. Estes pacientes precisam preencher constantemente uma falta percebida ou pressentida diante de toda organização mais completada. Isto tem consequências clínicas consideráveis, porque é outra forma de entender a prudência na interpretação com esses pacientes — o que poderia comportar uma forma de perceber os pacientes somáticos operatórios —, mas também porque é a confrontação com uma organização mais completa que faz perceber a falta. Esta pode, então, ferir dramaticamente pessoas que estão aquém da castração no sentido habitual.

O desenvolvimento desse ponto, entre tantos outros nos quais a sua obra escrita reverbera, permite-nos olhar de outra forma para o que poderia parecer como simples comportamentos de esgotamento que dão a impressão de que nunca se consegue — como se vê na vida operatória — reforçar a autoestima do sujeito. O ponto nodal básico é uma incompletude do destino da pulsão que se baseia nas tendências passivas. Costuma-se pensar em termos de recusa da passividade, o que constitui uma simplificação. Não se trata de recusa; a passividade é muito mais inacessível do que recusada, compelindo, assim, a um superinvestimento da atividade. Não é, portanto, uma simples recusa da passividade. Na verdade, toda a vida mental permanece ligada àquilo que é percebido e à ação possível do sujeito sobre essa percepção. Em outras palavras, o representado não existe mais. Ou melhor, se existe, é de uma maneira que permanece totalmente dependente dos conteúdos da percepção.

Encontramos aqui, então, um esclarecimento muito particular e rico sobre a vida operatória. Como o tempo se esgota, não vou parafraseá-lo mais, basta ler sua obra. É preciso se esforçar, como o senhor me disse há vinte anos, mas vale a pena! Nem sempre é muito fácil, mas sempre é muito apaixonante.

Com estas palavras, minha intenção foi mostrar, sobretudo, sua contribuição à teoria psicossomática e, consequentemente, à clínica psicossomática. Encerrarei lhe endereçando uma questão talvez um pouco provocadora. Cheguei ao IPSO vinda de um universo bem distante daquele dos psicossomatistas, da semiologia e da abordagem psiquiátrica, já que meu horizonte era filosófico. E, em filosofia, busca-se sempre refletir sobre o pensamento: esse é mais ou menos o objeto da filosofia. Meu encontro com a psicanálise fez com que eu me desviasse um pouco, pois a resposta da psicanálise, bastante única e original na história das filosofias ocidentais, é que se pensa também com o corpo e que o pensamento é sexual e sexuado. No início, a psicossomática me interessou mais como bastante exemplar de transtornos do pensamento do que pelo aspecto estritamente terapêutico da desordem somática. Acho que é por isso que a obra de Michel Fain me parece incontornável: ela trouxe novo vigor a um percurso muito estudado e refinado da clínica do discurso.

O pensamento vem da pulsão, e o que vemos dela é como se organiza individualmente pela utilização de uma ferramenta comum portadora de valor: a linguagem. Nesse aspecto, creio que o senhor é muito mais lacaniano do que pensei num primeiro momento. É uma questão que eu lhe coloco a partir de pequenas pinceladas e de balizas que fui descobrindo, durante vinte anos, ao longo de sua obra. De qualquer maneira, essa preocupação e essa forma de voltar ao estudo da linguagem são realmente primordiais para a psicanálise atual.

Se eu ainda tiver alguns minutos, gostaria de relatar uma consulta de quinze dias atrás, quando já estava pensando nesta palestra sobre a obra de Michel Fain. Quero mostrar como o fato de tê-la em mente me ajudou. A consulta ocorreu na unidade do Château, no IPSO. Eu atendo alguns pacientes quando há conflitos.

Desta vez, o conflito veio de uma jovem terapeuta que queria se livrar definitivamente de um paciente que ela achava insuportável. O paciente se mostrava muito insatisfeito. Todo mundo estava insatisfeito neste caso. Pergunto à terapeuta qual é o problema. Ela me diz que o paciente não quer ouvir nada, não quer mudar de dia mesmo estando aposentado, nenhum horário é bom para ele, e ele só pensa em ganhar dinheiro às custas do IPSO.

Recebo, então, o paciente. Deparo-me com um homem de sessenta e cinco anos, alto, magro, curvado, com um rosto muito interessante, com um aspecto geral um tanto triste. Penso imediatamente — e isto me ocorre assim, do nada — que é um homem de Igreja. Acho, por sinal, que tem certo charme, apesar desse lado que parece sombrio e apagado. Pergunto-lhe o que está havendo. Ele me explica que está fora de questão vir nas terças-feiras na hora do almoço, porque há uma feira no bulevar Auguste Blanqui e o horário do almoço é justamente a hora de liquidação dos legumes, quando dá para comprá-los mais baratos. Que está fora de questão vir nas segundas-feiras de tarde, porque, como ele está aposentado e tem um cartão de descontos para idosos, o cinema é mais barato do que nos outros dias e ele costuma ir com sua mulher. E assim por diante. Um discurso que, pessoalmente, devo confessar, me diverte.

Pergunto-lhe o que está havendo com sua terapeuta. Ele me diz que já contou tudo e que escreveu uma carta de apresentação. Seu problema é bem claro: tem uma cólica espasmódica e quer se livrar dela. Vem ao IPSO porque já contribuiu muito com a Seguridade Social e o serviço é gratuito. Quer, então, vir em horários que não o prejudiquem e só quer se livrar dessa cólica espasmódica. Não gosta muito de falar, não tem o costume de falar de si mesmo e, sobretudo, quando considera que já disse tudo é porque disse tudo. Entendo por que essa jovem terapeuta se sente um pouco desarmada diante dele. Peço a ele, por minha vez, que me conte. Tenho muita dificuldade de fazê-lo falar, pois ele diz para eu consultar sua ficha, não gosta muito de falar. Faço várias perguntas a ele. Sempre me responde que não, que não é assim, de jeito algum, que ele nunca percebeu isso ou sentiu aquilo...

Num determinado momento, quase no final da consulta, e provavelmente por estar muito inspirada pela obra de

Michel Fain, digo-lhe: "Tenho a impressão de que o senhor vive o tempo todo me dizendo: 'não, isso não existe!'". Após um breve momento de desestabilização, o homem abre um verdadeiro sorriso, como uma espécie de emanação do inconsciente que irrompe subitamente. Diz: "Não é exatamente assim, mas, quando eu era jovem, de fato, era preciso que isso não existisse". Nesse momento, sou eu quem fica um pouco perdida e lhe digo: "Ah é!?" Então, ele faz um movimento muito curioso com as mãos e, de repente, parece-me que é da masturbação que está falando. Mas, sem ousar pronunciar imediatamente a palavra "masturbação", digo: "O senhor fala dos desejos de quando era jovem". E ele responde: "Minha mãe queria que eu fosse padre".

Vejam só! Ficarei por aqui para respeitar o tempo que me foi concedido. Muito obrigada.

4
O segundo encontro

A ideia de encontro comporta sempre a questão do aleatório, mas também implica algo da ordem da necessidade. Poucos são os apaixonados que aceitariam de bom grado atribuir sua história ao exclusivo fruto do acaso. Mas o determinismo lógico mais puro é igualmente banido de seu discurso. Afirmar que era inevitavelmente normal encontrar a mulher de sua vida porque ela morava no mesmo bairro e frequentava a mesma universidade que você poderia parecer particularmente trivial. Assim, os relatos do primeiro encontro são geralmente incrementados e apresentados como histórias singulares, como um lance de dados que, naquele dia, fez o destino virar ao abandonar um instante as leis do habitual e do inevitável.

A mesma coisa acontece com o encontro com o psicanalista; os pacientes explicam de bom grado que ele teria sido provocado pela precipitação de dados ou fatores múltiplos: um nome mencionado numa conversa no dia anterior, um fragmento de sonho, uma associação que os teria levado de repente a marcar uma consulta com tal psicanalista cujo endereço já tinham fazia três anos... Não deveríamos confessar aqui também que o narcisismo do psicanalista em questão às vezes está pouco disposto a escutar que seu nome foi escolhido numa lista e apenas em função da exata distância em relação a determinada estação de metrô da linha Vincenne-Neuilly?

A razão dessas apresentações me parece residir no arranjo da evocação: um primeiro encontro só ganha existência porque o segundo lhe dá sentido. A anterioridade de todo encontro, sua pretensa previsibilidade não é tal a não ser *a posteriori*. Pouco importa que, em matéria de análise, esse *après-coup* seja vivido ou revelado com outro. Essa formulação tão banal se aplica a todo encontro humano, erótico, de amizade ou profissional, pois há encontros sem porvir que nunca serão relatados, sendo difícil se interrogar acerca da qualidade dos traços deixados. Para o psicanalista, inexistência de porvir não quer dizer inexistência de traços, mas, antes, inexistência de testemunha com quem pensá-los.

A extensão atual dos campos de aplicação da psicanálise nos obriga a ter primeiras entrevistas diversificadas. Uma consulta de "psicossomática" indicada por um médico que trata o paciente e solicitada "por prescrição" pode ser considerada um encontro no sentido pleno do termo? Poderia se transformar num encontro num segundo momento? Diante do corpo doente, somos confrontados com uma dada organização mental, frequentemente perturbadora nesse momento pela ausência de elementos semiológicos, psicanalíticos ou psiquiátricos, combinada com um aparente superinvestimento da realidade. Trata-se de uma ordem ou de uma desordem nova que marca uma comoção recente ou antiga na economia pulsional do sujeito e nos obriga a imaginar qual poderia ser a organização mental anterior, o que nela está faltando e o que pode se revelar no vazio deixado. Minha forma de apreender esse tipo de trabalho consiste em criar um contraponto aleatório e imaginário ou, antes, em aguardar a emergência de dados por meio dos quais poderia surgir esse contraponto.

Todo primeiro encontro com um paciente é peculiar.

Quando este é acometido por uma doença grave, até mesmo letal, uma das singularidades desse encontro é que somos como Dâmocles durante o banquete para o qual o convidou Dionísio, o Antigo. Cícero conta que este último convidara Dâmocles para um banquete, tratando-o suntuosamente, mas mandou pendurar acima de sua cabeça uma pesada espada presa por um fio da crina de um cavalo a fim de lhe mostrar a fragilidade do destino. A resistência e a urdidura do fio costumam ser indiscerníveis. Diante de um material pobre, seco, que nos interpela pouco, mas nos leva a *associar por dois*, a elaborar a partir da angústia-sinal de alarme que dispara no analista, a construir teorias e nos contar romances, precisamos esperar — com uma escuta que pode parecer participar de uma "ilusão antecipatória" — o que se seguirá.

Diante da exigência pulsional, o psiquismo dispõe não apenas de uma infinidade de recursos, mas também de múltiplas modalidades de gestão dos conflitos. Nesse sentido, apesar da somatose, que é uma facilitação, o destino não me parece nunca determinado. Penso que isso é o que nos permite nos lançarmos na empreitada incerta que é um tratamento de paciente somático. Em momentos de desesperança, sempre penso que poderia ser de outra forma — e não necessariamente melhor —, dizendo-me, às vezes, que as vias do pré-consciente são impenetráveis. Mas, um dia, surge um sonho, um silêncio, um esquecimento que serão a pedra angular de uma história, de um encontro.

Uma psicoterapia, *a fortiori* uma psicanálise, sempre é uma aventura apaixonante a partir do momento em que, nela, se urde alguma coisa. Com certo paciente, a aventura começou para mim quatorze meses após o início do tratamento, na sequência de um lapso que me levaria a lhe dar um apelido. Ele se tornou aquele que chamei, em outra ocasião, de "o homem da Birmânia"[1].

---

1   *Les Cahiers du Centre*, n. 14, 1987.

Um encontro adiado

Na conversa telefônica pela qual solicitou a consulta, o paciente deu a entender que não tinha nenhuma urgência. Além disso, acrescentou que, se necessário, poderia voltar a ligar. Ele já estava se esquivando. Eu o atendi bem rápido.

De fato, ele padece de uma retocolite ulcerativa grave que coloca em risco sua vida. Ele me foi encaminhado por um gastroenterologista e está em situação de "adiamento" de uma operação, cuja natureza parece ignorar. Eu soube por uma carta de seu médico que se tratava de uma colectomia com provável derivação íleo-retal. Mas o paciente não considerou necessário interessar-se demais pela questão: "Cada um sabe de sua área". Sem dúvida, os profissionais da saúde têm os seus motivos, e, então, ele decidiu confiar neles, o que lhe parece a atitude mais lógica. E foi adotando essa mesma linha de raciocínio que aceitou consultar um "psicossomatista".

Ele é alto, magro, moreno, levemente curvado; sua aparência transmite ao mesmo tempo indiferença e uma grande lassidão. Tem uns quarenta anos. Sua gentileza excessiva disfarça mal um contato arredio. É um cientista de alto nível, orientado para a tecnologia. Trabalha para a indústria privada. Diz estar extremamente incomodado com esta doença que o afeta, pois tem uma enormidade de obrigações, viagens... Tudo o que diz respeito ao psiquismo lhe parece "piração". Não é de seu costume se interessar pelo irracional. No entanto, aceita a regra de consultas psicoterápicas na frequência de uma por semana. Sob qualquer lógica, não vê razão para recusar um tratamento que dois professores de gastroenterologia lhe indicaram igualmente e por separado. Além disso, tem o costume de realizar as tarefas que lhe são atribuídas. Ele se dá — e me dá — um ano.

Durante as sessões, mostrava-se cético e irônico, mas, sobretudo, parecia incomodado, até mesmo reticente. Apresenta-se, fundamentalmente, como limitado em suas preocupações. Suas respostas são do estilo: "...estados de espírito, não sei o que é isso"; ou, então, "enquanto não for quantificável...". Espantou-me também a pobreza de seu vocabulário e a baixa qualidade geral de sua linguagem em contraste com seu nível cultural e sua inteligência conceitual.

Em algumas sessões, ele me dá a biografia linear de uma vida transparente. Seus pais, sérios e gentis, estão aposentados; ele é o mais velho de dois filhos; sua irmã mais nova é química e sofre de uma pancreatite aguda hemorrágica, a única sombra no quadro de sua existência. Ele é casado, sem filhos; sua esposa e ele são muito absorvidos por suas respectivas profissões.

Segue a história de sua doença. Esta o incomoda consideravelmente. Descreve-se como eventualmente ansioso, mas não fundamentalmente angustiado. Relata a ocorrência dos primeiros sintomas como o "estrondo de um trovão num céu sereno". O único fato que lhe vem à memória é uma consulta para parar de fumar seguida de algumas sessões de acupuntura que o ajudaram a abrir mão de repente de seus dois maços diários. Essa decisão não havia sido refletida nem desejada, mas foi o efeito de uma aposta feita com os colegas sem muito pensar. No entanto, a ideia tinha sido dele. Isso aconteceu alguns meses antes do aparecimento da retocolite ulcerativa pela qual foi hospitalizado. Pode-se ver aqui a construção de uma lembrança encobridora que envolveria uma tentativa de recusa da castração: ele não quer saber em que consiste uma colectomia e não fumar não é senão o resultado de uma aposta.

Chegou muito rápido o momento em que ele não tinha nada para dizer, nada vinha a sua mente. Ele tem pouco costume de falar, muito menos de si mesmo. Também não suporta o silêncio e logo quer encerrar a sessão quando eu permito que este se instale. Por isso, sou levada a fazer esforços consideráveis e muito pouco tradicionais para obter e manter uma conversa banal "de salão" (a expressão é dele). Comentamos demoradamente o tempo, a atualidade política. Eu lhe pergunto sobre seu trabalho, pedindo-lhe numerosos detalhes que ele me dá com condescendência e, às vezes, com certo prazer. Também lhe faço perguntas sobre suas poucas atividades de lazer. Não lê nada que não sejam obras científicas; acha a literatura fútil. Sua esposa e ele saem pouco, não têm amigos nem sentem necessidade de tê-los. Em contrapartida, praticam muito esporte. Suas férias se dividem entre circuitos turísticos distantes e estadas em redes do tipo Club Méditerranée.

(Passou-se quase um ano. Remarcada de trimestre em trimestre, a operação fica em suspenso. Ele se recusa a relacionar as poucas melhoras constatadas nos sintomas com as conversas que tem tido comigo. Dou razão a ele. No entanto, proponho-lhe que continue, argumentando que três quartos de hora aos sábados de manhã não seria um grande incômodo.) Então, continuamos.

Pouco tempo depois, um dia, absorto na comparação dos méritos de diferentes centros do Club Méditerranée, ele afirma que o da Birmânia se destaca. Eu me surpreendo, a menção desse país me chama a atenção; ele se corrige: trata-se da Bulgária. Na sessão seguinte, volto ao que, curiosamente, ele chamou de "mancada". Ele se defende por um bom tempo, acusando-me de intransigência: "Não, a Birmânia não lhe faz lembrar nada". Aliás, nunca esteve lá. No entanto, eu acabo descobrindo, não sem esforço e em muitas sessões, uma história "sem importância, já que faz parte do passado".

Quando era estudante, casou-se com uma colega de faculdade. Eles se divorciaram alguns anos depois. Não tendo filhos nem bens comuns, nunca mais voltaram a se ver. Muitos anos depois, enquanto estava jantando num restaurante com um cliente, encontrou uns amigos de seus ex-sogros que lhe informaram da morte de sua primeira mulher, ocorrida dois anos antes em circunstâncias estranhas. Ela teria sido assassinada numa rua de Rangoon, com muitas facadas no ventre. L. me diz ter ficado triste durante um final de semana pela notícia dessa morte especialmente horrível e absurda. Ignora o motivo pelo qual sua ex-mulher se encontrava na Birmânia, mas desiste de se fazer perguntas inúteis. Num determinado momento, pensou em escrever para seus ex-sogros, mas depois desistiu: "Para que reabrir velhas feridas?". Não falou com sua mulher do assunto e, depois, esqueceu-se do ocorrido. No entanto, teve um pesadelo, que também esqueceu, mas que acaba de voltar a sua mente. Revela-me o conteúdo sem emoção aparente, mas com uma espécie de hostilidade em relação a mim: "Sua primeira mulher, toda ensanguentada, e uma voz em *off* dizendo que poderia ser salva ao preço de um ânus artificial".

Diante do conluio entre o sonho — em todo caso, o fantástico — e o real, decido me abster, no imediato, de todo comentário relativo ao sentido simbólico. Exponho-lhe muito "cientificamente" os mecanismos do pesadelo, do sistema sono-sonho e volto a falar demoradamente sobre seu relato, "dando o tom": deve ter ficado triste, angustiado... Assim, tento transformar o relato em história. Ele data o pesadelo: foi quatro meses antes da consulta para parar de fumar. Disso ele se lembra com exatidão.

Interrompo aqui meu relato, não para apontar uma articulação, pois esta é evidente, mas a fim de fazer algumas observações. Durante a sessão do pesadelo, fiquei impactada pelas *faltas*: alguns teriam falado de premonição, outros teriam visto ali uma marca do destino. Constato em meu paciente a ausência de qualquer superstição, de qualquer traço de *pensamento mágico*, mesmo o mais banal. Isto me faz pensar que o mais ausente deveria ser o mais contrainvestido. Também, vários eixos de reflexão se cruzam neste ponto. Como entender a falta — no decorrer do que eu chamo de *primeiro período da psicoterapia* — de qualquer estruturação defensiva mental ou de caráter da qual, no entanto, certos indícios já tinham aparecido desde a entrevista preliminar (a reserva)? Falha de organização ou, talvez, supressão dessa semiologia na situação face a face, que reativaria a fantasia originária da *sedução da criança pelo adulto* e, junto com ela, uma das formas da ameaça de castração? Também se colocam as questões da vinda de L. à psicoterapia, mas, principalmente, de sua continuação do tratamento.

Duas hipóteses parecem contraditórias, mas sem se oporem quanto ao manejo técnico do tratamento. Ambas assinalam, com efeito, uma extrema fragilidade do aparelho mental: ausência de conflito correlativa a carências do sistema pré-consciente ou, em vez disso, falha deste último por uma sideração que implicaria a participação da recusa[2]? Numa formulação paradoxal, eu diria hoje que o limite extremo da reserva desse paciente era sua recusa da reserva, recusa sustentada pela negação: não, isso não é verdade. Assim, poder-se-ia acrescentar também que sua regressão em doença é sua impossibilidade ou sua recusa de qualquer forma de regressão.

O segundo momento desse tratamento é fortemente marcado por acontecimentos: L. vai ser pai. Isto coincide com o levantamento do silêncio guardado sobre sua primeira mulher e com o que eu chamo de sua *entrada, às vezes tumultuosa*, no processo psicanalítico.

Por meio desse primeiro casamento, ele e eu pudemos abordar alguns assuntos que resumirei sucintamente. Sua primeira mulher foi seu primeiro amor, ela se parecia com ele, era uma colega. Vivaz e brilhante, ela tinha muitos amigos homens. Saíam muito e, na maioria das vezes, em grupo. Os dois tinham os mesmos gostos e consideravam inaceitável trazer filhos ao mundo. Por sinal, ela queria ter feito ligadura de trompas. L. se mantém muito discreto sobre os motivos que o levaram a pedir o divórcio, mas dá a entender que sua mulher teria começado a beber um pouco... Enfim, ela teria deixado de ser "confiável". Foi durante uma viagem de negócios aos Estados Unidos que ele decidiu não voltar para casa. Os detalhes materiais, como o aluguel do apartamento, seriam resolvidos por intermédio de sua secretária e por telex. Nessa fase, ele manifesta que está muito agitado

---

2   N.T.: No original, *déni (Verleugnung).*

com o desejo de engravidar que sua segunda esposa acaba de lhe expressar. As mulheres, diz-me ele, são seres imprevisíveis, pouco coerentes. Após a separação de sua primeira mulher, ele se isolou. Seus amigos eram os mesmos da sua mulher, e ele os "deixou" para ela, como o carro e a casa. Parece ter mergulhado num aumento de atividade profissional, por sinal frutífero no plano de sua carreira, mas que não serviu para reforçar sua autoestima. Ele não tem o sentimento de ter estado deprimido nem angustiado. Trabalhava demais e dormia muito. No entanto, sentia-se cansado certas vezes. Não se lembra bem desse período, que L. descreve como "confuso".

Eu escuto ali uma descrição fenomenológica da depressão dita "essencial" que deve ter sucedido à perda de sua mulher e ao colapso do apoio homossexual que, sem dúvida, permitiu que o paciente vivesse até então dos investimentos no modo comportamental.

Ele não saberia calcular o tempo transcorrido assim, seus pontos de referência são de ordem profissional. L. voltou a se casar. Sua segunda mulher, muito diferente da primeira, é descrita como séria e respeitável: é, ao mesmo tempo, uma mulher caseira e uma mulher inteligente. Ambos quiseram ter uma grande e bela casa. Para isso, compraram um terreno, e a construção levou anos. L. foi o empreendedor, o arquiteto e o mestre de obras ao mesmo tempo.

(As várias histórias que ele me relata dessa época me fazem pensar que ele poderia ter saído da depressão apática anterior passando a novos investimentos sempre comportamentais por estar protegido por uma homossexualidade passiva, perigosa pela presença de sua mulher e pelas tarefas em comum.)

Com a casa terminada, a esposa tem a estranha ideia de ter filhos. Ele se recusa. Seus argumentos são, evidentemente, de uma lógica tão ilógica quanto implacável.

É neste contexto que aparece a história do encontro no restaurante, ao qual vão suceder, em alguns meses, o abandono do tabaco e, pouco depois, o desencadeamento da retocolite ulcerativa. Essa é a reconstrução cronológica *après--coup* que L. fez.

Durante todo esse tempo, tive a impressão de dispor de um material interessante, muitas vezes cativante. Tentei algumas aberturas para a culpabilidade inconsciente, a identificação com a mulher, a homossexualidade..., mas ele me colocou numa posição verdadeiramente desesperadora no plano contratransferencial. A cada ligação que proponho, a cada hipótese que sugiro, ele replica que é "piração" ou "incompreensível, muito difícil, muito estranho para a sua área". Eu o estaria obrigando a jogar "uma espécie de jogo de xadrez cujas regras ele ignoraria". Ele se fecha, como uma criança teimosa, encerrando todas as sessões com a mesma frase: "Hoje, não entendi nada". Passa constantemente da recusa categórica a considerar o que foi dito para a expressão de seu aborrecimento por não ter entendido, ou, então, para a expressão ainda mais dramática de não ter visto sozinho aquilo que era evidente — mas cujo interesse afirma não entender. "Estou numa armadilha; você dispõe de uma ferramenta que eu não tenho; a luta é desigual", diz ele.

No decorrer de uma mesma sessão, oscila de uma hostilidade polida ao desespero de se julgar "inútil".

Certo dia, talvez levemente exasperada, digo a ele: "Mas você, que fala frequentemente de áreas respectivas, tente me imaginar numa das plataformas das quais você lança suas experiências. O que eu faria e eu deveria ficar aborrecida?". Minha intervenção, que eu designaria facilmente como psicodramática, de repente o faz rir. Mostrando-se muito surpreso e divertido, ele joga com essa ideia. Acho que esse foi o primeiro encontro identificatório que ele se permitiu ter comigo — comigo numa posição falha.

As sessões se tornam menos extenuantes, para ele e para mim, e mais associativas. Ele conta alguns sonhos. Sinto-o menos vigilante, menos ferido.

Estamos em outubro. L. me anuncia que sua mulher está grávida de quatro meses. Sabia dessa gravidez, mas fingia ignorá-la. Recusava-se a refletir sobre ela. Aliás, não pensou nela em absoluto "enquanto não se via".

Resumirei aqui uma sessão especialmente densa:

Ele não gosta do outono, sente frio constantemente. No entanto, sente-se bem. O professor N. lhe falou de remissão..., mas ele sente um grande cansaço de manhã... Decerto suas insônias devem contribuir para isso. Eu lhe aponto que nunca falou disso. De fato, as insônias são recentes, começaram quando ele voltou das férias. Não pensou em mencioná-las aqui, mas seu clínico geral lhe prescreveu soníferos.

A partir de duas ou três questões, noto que ele organiza detalhadamente sua insônia, como um ritual de ir dormir, em negativo. Ele a prevê, toma seus comprimidos, depois se dedica a alguma atividade que requer sua atenção ou sua diligência — emoldurar gravuras ou fazer cálculos —, produzindo, assim, efeitos paradoxais, agravados, por sua vez, pela ingestão de novos comprimidos no meio da noite. Sugiro que, dessa forma, ele se impede de dormir; acrescento que poderia ter medo de seus sonhos, mas também dos devaneios da fase preliminar ao sono. Penso também em sua intolerância ao silêncio comigo, mas não a menciono. Ele replica que minha "colocação é sagaz", mas que deve estar errada porque, justamente, ele teve dois sonhos dos quais se esqueceu de falar na última sessão. O primeiro é bem curto: "Está no enterro de sua primeira mulher". É absurdo, ele nem sabe se houve uma cerimônia. Acusa-me de voltar a essas velhas histórias que, "por ele, gostaria de enterrar".

Expresso a ideia de que o fato de dispor de um túmulo num lugar conhecido e específico é muito diferente daquilo que implica um desaparecimento. Ele responde que sua primeira mulher desapareceu duas vezes: durante o divórcio, quando ele estava ausente (ele faz uma condensação) e, depois, quando desapareceu na Ásia. Sem transição, pergunta-me se pretendo me ausentar no dia primeiro de novembro[3]. Alguns dias de férias me fariam bem, pensa ele.

---

3 N.T.: Na França, o feriado de Finados começa no dia 1º de novembro, prolongando-se por uma semana nas universidades e nas escolas.

Diante da emergência de um material diretamente transferencial e pensando se tratar de associações ligadas aos dois sonhos citados juntos, peço a ele que me conte o segundo. Levemente constrangido, diz-me que é um sonho "no qual se encontra com uma de suas secretárias". No entanto, ele não gosta dessa jovem, profissionalmente "pouco confiável", nem simpática, nem bonita. "Estão num quarto desconhecido e... numa posição... suspeita". É ainda mais incongruente porque ele nunca teria tido a ideia de marcar um encontro com ela fora do trabalho. Eu volto à expressão "pouco confiável" e fico sabendo de sua suspeita de que ela "bebe um pouco". Isto me permite lembrá-lo de que esse foi um dos motivos mencionados contra sua primeira mulher na ocasião do divórcio.

Por sua própria iniciativa, L. propõe ligar os dois sonhos que o perturbam e o confrontam com seu apego à primeira mulher. Vai tentar pensar nisso. No entanto, está inquieto: o que a secretária veio fazer em seus sonhos, agora que sua mulher está grávida?

Escolho este momento para lhe dizer que, na atual conjuntura, os encontros que ele tem fora do trabalho são comigo. Seguem-se uma série de rubores e um silêncio de alguns instantes. Sinto-me um pouco inquieta com a escolha e o *timing* da intervenção de transferência, razão pela qual preferi me assegurar o "intermédio" da primeira mulher antes de lhe sugerir uma aproximação entre seu medo de sonhar, seu desgosto pelas pessoas que bebem (diminuição da vigilância) e o temor que eu devo lhe inspirar quando lhe peço para "imaginar". No final da sessão, lembro a ele que não me ausentarei no dia primeiro de novembro.

Na semana seguinte, é ele quem telefona para cancelar. Vencido por uma gripe, precisou ficar acamado, coisa que não lhe acontecia desde a infância.

Os grandes movimentos que se seguem se desenrolam sob o signo do luto pela mulher e do nascimento de seu filho. Reconhece agora a perda de sua primeira mulher. Uma perda por três vezes: renunciando a ela, ao saber da sua morte e, também, em outro sentido da palavra, levando-a a se perder porque, provavelmente, ela não teria feito essa viagem mortal para a Birmânia se ele não tivesse exigido o divórcio. Ele a perdeu, mas a reencontra. Ela lhe aparece frequentemente em sonhos, e ele também a encontra nas sessões, quando a menciona falando comigo.

Para voltar ao assunto dos encontros, termino aqui o relato desse tratamento que duraria ainda um bom tempo. Se escolhi o caso já antigo do "Homem da Birmânia" é pelo fato de que ele me parece ainda hoje ilustrativo desses encontros do segundo tempo. O encontro comigo no processo deve ter favorecido os reencontros com sua primeira mulher, perdida em todos os sentidos do termo. Esses remanejamentos do passado são tradicionais em análise, mas a particularidade dessas entrevistas preliminares, normalmente feitas num serviço de atendimento de saúde, reside na passividade patente de um dos protagonistas. No início, o Homem da Birmânia trouxe uma doença da qual se julgava o agente, mas não o sujeito, uma grande reserva em relação ao psíquico e uma obediência ostensiva ao enquadre proposto. Penso que esses primeiros encontros mobilizam violentamente a contratransferência. Forçam-nos a um trabalho singular do qual, para mim, participa algo da ordem do desafio que visa a convencer de que não há corpo sem pensamento, vida sem fantasia nem troca humana na qual não se possa urdir uma história. Para almejar que a primeira entrevista não seja um não encontro, parece-me que é preciso ter convicções teóricas fortes e um gosto pelo jogo psíquico suficiente para se ter vontade de partilhá-lo. Não hesito aqui em mencionar uma "sedução bem suavizada" contida na mensagem "venha então sonhar e pensar comigo", que me parece impossível querer calar. A desordem somática é *avant-coup*[4] sem sentido, opaca, fugindo a simples causalidades psíquicas.

---

4 N.T.: Em oposição ao termo *après-coup* (*a posteriori*), poderia ser traduzido também por *a priori*.

Se haverá de permanecer sempre um pouco estranha por ser determinada por ordens de dados frequentemente incognoscíveis, nem por isso é menos pensável e, como tal, apropriável pelo psiquismo.

Ao reler o caso do "Homem da Birmânia", sinto-me, anos depois, bem menos afirmativa, mais perplexa diante da compreensão da eclosão somática. Continuo acreditando, porém, que, independentemente do que advir, nada — nem mesmo um esquecimento que assinalaria o recalque — poderá abolir uma sessão como a que eu descrevi.

Esses segundos encontros, tardios, não podem ocorrer se a entrevista preliminar não tiver levado em conta os registros muito variados e, não raro, contraditórios em relação às nossas modalidades habituais: silêncio, espera, neutralidade, primazia dada a uma fala associativa. Acredito, no entanto, que é possível continuar sendo psicanalista para escutar, um dia, o surgimento de um material ordenado pela transferência.

Mesmo programado, todo encontro é insólito. Alguns são mais complexos, colocando-nos numa situação paradoxal. Às vezes, não terão porvir, às vezes serão decisivos, tornando possível uma verdadeira história. Para mim, sempre vale a pena tentar a aventura.

5
Dois pais, dois filhos...[1]

Na mitologia grega, a Esfinge é relacionada principalmente à lenda de Édipo e à trilogia tebana. A Esfinge é um monstro feminino representado com um rosto e um peito de mulher, mas com corpo, patas e cauda de leão. Também tem asas, como uma ave de rapina. Foi enviada para perto de Tebas por Hera para punir Laio, pai de Édipo.

Órfão de pai e expulso de seu reino, o jovem Laio tinha se refugiado junto a Pélope, mas seduziu Crisipo, o jovem filho daquele. Pélope o amaldiçoou, queixando-se com Hera, que, então, enviou a Esfinge aos tebanos. Esta devastou o país; fazia perguntas na forma de enigma e, depois, devorava quem por ali passava. Édipo foi o único e o primeiro a responder corretamente uma pergunta: "Qual é o animal que anda sobre quatro patas, depois sobre duas e depois sobre três?": o homem, evidentemente. Vencido, o monstro desapareceu. Outro enigma cuja solução ninguém encontrou era: "Dois pais e dois filhos caminham juntos: quantos são eles?" Evidentemente, a resposta certa seria: "são três"...

---

1 Conferência proferida durante um simpósio nos dias 29 e 30 de abril de 2006 na Universidade de Columbia (EEUU) sobre o tema "O pai morto".

Pode-se imaginar que Édipo, parricida e filho de um pai órfão, sedutor e pedófilo do filho daquele que ocupava para ele o lugar de pai, poderia ter decifrado esse outro enigma também.

A questão do pai, do pai originário (*Urvater*), do assassinato do pai, está presente em toda a obra de Freud. Já em 1896, em *O nascimento da psicanálise*[2] [*Aus den Anfängen der Psychoanalyse*], escreve: "A histeria sempre me parece resultar mais da perversão por parte do sedutor; a hereditariedade decorre de uma sedução pelo pai" (6.12.1896). Em 1908, em seu segundo prefácio a *A interpretação de sonhos*, lê-se: "A morte do pai é o acontecimento mais importante e mais devastador na vida de um homem". Numa carta de maio de 1912 a Carl Abraham, Freud diz: "Você tem razão em identificar o pai e a morte, pois o pai está morto, e a própria morte não é senão um morto".

No entanto, é principalmente em *Totem e tabu* que Freud elabora o conceito de pai originário ligado ao de parricídio. Este último adquire uma amplitude particular nas reflexões teóricas a partir de *Moisés e o monoteísmo*. Como sublinha Guy Rosolato em seus *Essais sur le symbolique*[3] [Ensaios sobre o simbólico], a questão da ordem de sucessão, portanto, das três gerações, coloca-se de saída. No mito, a estaca zero é a morte do pai, mas à ordem devem se acrescentar a sucessão e a transmissão.

No paradigma de Abraão, o que é transmitido é a vida, mas também a potência fálica, de Deus a Abraão e ao filho deste. Esta transmissão é feita pela superação das diferenças, diferenças sexuais e geracionais. Os três termos são importantes, como indicado pelo enigma atribuído à Esfinge.

A conjunção entre a noção freudiana de assassinato do pai e do pai idealizado, portanto morto, já notada por Freud, foi elaborada por Lacan, que, em *De uma questão preliminar*

---

2 N.T.: Na edição em português da *Standard*, encontramos esta citação no volume I, "Extratos dos documentos dirigidos a Fliess", carta 52, p. 143.
3 ROSOLATO, G. *Essais sur le symbolisme*. Paris: Gallimard, 1969.

a todo tratamento possível da psicose, escreve: "...a necessidade da reflexão de Freud o levou a ligar o aparecimento do significante do pai, como autor da lei, à morte, inclusive ao assassinato do pai, mostrando assim que, se tal assassinato é o momento fecundo da dívida pela qual o sujeito se liga à vida, à lei, o pai simbólico, na medida em que significa essa lei, é justamente o pai morto"[4].

Isso quer dizer que ao pai idealizado da identificação primária sucede, depois do Édipo e do complexo de castração, o pai morto conforme a lei, como uma *ananké* universal. Quando isso não acontece, essa falta pode dar lugar a certas configurações típicas, como a paranoia — como o mostra Freud no caso Schreber —, em que o sujeito, para abolir a filiação, cria para si mesmo uma genealogia megalomaníaca que o coloca em relação direta com Deus; ou a certas perversões sexuais nas quais a meta visada é a desmentida da diferença dos sexos e da castração.

Não me deterei mais no texto freudiano, nem nos desvios possíveis nas psicoses, pois o título desta primeira mesa-redonda, "O pai morto e o corpo", leva-me a tentar abordar os conflitos psíquicos complexos nos quais seria possível ver o fracasso da constituição de um pai, morto conforme a lei, no impacto que esse fracasso tem sobre o corpo por meio das doenças ou de ataques às vezes voluntários.

A falta de tempo me faz introduzi-los diretamente na clínica. Relatarei aqui alguns fragmentos de material extraídos de um tratamento. Trata-se de um paciente que acompanhei durante uns cinco anos no Instituto de Psicossomática de Paris (IPSO) num regime de hospital-dia.

Quando o atendo pela primeira vez, o paciente tem trinta e poucos anos, é um belo rapaz moreno, de origem italiana, vestido como um jovem executivo, terno escuro e gravata, carregando sempre uma pasta com tudo o necessário para passar uma noite, mas seus tênis e anoraque dão ao conjunto um toque insólito. Já trabalhou em escritórios "mas não o

---

4   LACAN, J. *Écrits*. Paris: Seuil, 1966, p. 556.

mantiveram em lugar nenhum". Atualmente, é professor de artes marciais, mas em vias de mendicância, pois não ganha mais a vida.

Padece de uma hipertensão arterial essencial grave não controlada e de angústias difusas descritas como um estado de alerta permanente. O cardiologista que o acompanha no hospital o encaminha para o IPSO, dando a entender que não sabe se esse jovem toma a medicação porque ele (o médico) tem muita dificuldade em imaginar a vida que seu paciente leva. (Cabe mencionar que o médico o considera "louco".)

Xavier — vou chamá-lo assim — parece se encaixar às descrições da Escola de Psicossomática de Paris: redução do pré-consciente, invasão pelo real — isto é, o perceptível —, ao que parece sem nenhuma paraexcitação, o pré-consciente não desempenhando a função de filtro. Portanto, ele não tem nenhum traço visível da tópica habitual. O que nós chamamos de supereu não parece existir. E, de fato, o contraponto para defini-lo — na nosografia psiquiátrica clássica — seria muito provavelmente a psicopatia.

Não tem antecedentes penais, mas já cometeu alguns atos delitivos: botou fogo, durante a noite, no almoxarifado de uma empresa da qual o demitiram. Xavier bateu violentamente e feriu uma prostituta; ficou muito assustado quando ela perdeu a consciência, pois achou que estivesse morta, "o que poderia lhe trazer alguns problemas". Quando me contou essa história, perguntei se isso tinha lhe dado prazer ou se, ao contrário, era para fazer cessar alguma coisa insuportável: "nada disso, eu não queria pagar...".

Sem a questão da hipertensão e apesar das angústias difusas, ele é, claramente, o tipo de paciente que um psicanalista não tem muita oportunidade de conhecer. O trabalho que fiz com ele consistiu em escutar a verborreia de informações que descarregava em mim, tentando colocar um pouco de ordem em tudo isso, nem que fosse espaço-temporal, dando-lhe sentido, estabelecendo conexões ou, antes, sugerindo que seria possível estabelecer essas conexões. O estado de alerta quase permanente no qual vivia cedia, de fato, como constatamos juntos, quando ele se sentia num ambiente "benevolente". No entanto, por não procurar, nem por um instante, se perguntar o que se passava na cabeça do outro, era malvisto ou inquietava, percebendo isso sem entender bem o porquê, donde essa sensação vaga — que não tomava a forma de afeto — de estar se movendo num mundo frequentemente hostil, que, então, o tornava violento.

Este homem manifestava uma grande dificuldade em reter, refrear, esperar. Contava como um objeto percebido que, de repente, passava a desejar virava invasivo. Numa manhã, ao ver um belo par de luvas de couro forradas dentro de um carro, quebrou o vidro para apropriar-se dele. Conseguiu, assim, ser preso por um policial à paisana que o levou até a delegacia, bateu nele, manteve-o preso por vinte e quatro horas e depois o soltou após lhe ter dado um sermão. Xavier parecia muito satisfeito com essa experiência: "um bom homem", disse depois de eu ter lhe sugerido: "o pai que você gostaria de ter tido". Com efeito, ele nunca tinha conhecido o pai. Quanto à mãe, toxicomaníaca, foi descrita como incoerente, não afetuosa e, com frequência, sádica. Nesse momento, evoca uma lembrança terrível, humilhante: enquanto ainda estava aprendendo a controlar o esfíncter, uma vez que molhou a cueca, foi mandado para o pátio de bunda de fora e com a cueca suja na cabeça a modo de chapéu. Xavier chora ao se lembrar disso.

A partir desses dois elementos que eu liguei, mostrando-lhe que ser corrigido por um homem benevolente o levou a contar a história de uma punição humilhante e fria que falhou em fazê-lo entender que era necessário esperar, se conter, nós pudemos construir uma história do desamparo da criança que ele fora. Esse trabalho de reconstrução de um passado que dava sentido ao que ele tinha se tornado pareceu interessá-lo, até mesmo agradá-lo. Começou a relatar sonhos, frequentemente violentos e crus, que contava afoito, no início da sessão, como tentando se livrar deles.

Um exemplo:

"Ele está andando pela rua e um homem alto e forte o domina, por trás; ele sente que é estuprado, penetrado; fica furioso, mas não é desagradável".

Na noite seguinte:

"Na rua, enquanto caminha, procura suas chaves no bolso. Encontra uma coisa flácida e grudenta; olha para ela e a identifica como um pênis cortado e sanguinolento, jogando-o então na sarjeta".

Eu nunca intervinha diretamente sobre os conteúdos, perguntando, antes, sobre os afetos que acompanhavam os sonhos ou apontando a falta desses afetos. Então, sugeri ligações entre os dois sonhos, a cena da delegacia, a ausência do pai, seu desejo de um abraço masculino.

Também lhe mostro que sua necessidade imperiosa de contar os sonhos, como se precisasse evacuá-los, talvez estivesse ligada à inquietação com aquilo que acontecia nele. O mais estranho era o jeito de ele tratar seu material onírico, que não me parecia assumir um status muito diferente daquele dos relatos de acontecimentos fatuais. Assim, uma vez, ele sonhou que "quebrava com um grande martelo meu pequeno carro preto", que ele tinha visto no estacionamento do hospital. Ficou com tanto medo de me contar esse sonho que acabou perguntando, primeiro, à secretária se eu não me zangaria com ele. Eu lhe disse, então: "Me zangar ao ponto de enviá-lo com a bunda de fora ao pátio no qual você fica de olho no meu carro?"

A outra vertente desse trabalho psicanalítico face a face incomum consistiu em intervenções que eu qualificaria como "psicodramáticas" e que visavam a promover um trabalho identificatório, aparentemente inexistente, do tipo: "Você se perguntou o que essa pessoa pode ter sentido quando você lhe disse o que me contou que lhe disse?"; ou: "Que efeito acha que seu relato tem em mim?".

Refletindo a partir deste caso e do ponto de vista da pulsão, vejo duas dimensões essenciais para este trabalho:

• A primeira consiste em procurar conferir — por meio de um relato compartilhado — o status de acontecimentos psíquicos ao agir, ao comportamento, de modo a instaurar uma temporalidade pulsional para que o mosaico perceptivo se torne um tecido de representações interligadas.

• A outra, um trabalho de objetalização ou de reobjetalização que visa a restabelecer o circuito da pulsão de modo a que este possa gerar um sujeito. No entanto, para ser sujeito, é preciso inserir-se em fantasias numa filiação.

O sonho de Heidegger

"Heidegger me fez vir a Tübingen. Recebeu-me na biblioteca da universidade, sentado numa poltrona preta, como a sua, e vestindo uma bela gabardina bege muito clara. Diz que adorou meus artigos e me propõe fazer uma tese com ele. Eu me sinto muito feliz".

Este sonho me é contado na penúltima sessão de uma longa análise cujo fim está programado há meses. Mesmo sendo muito culto, este paciente não é filósofo nem escreve. É um homem de negócios muito bem-sucedido, cuja análise inteira girou em torno do "assassinato do pai".

Após um divórcio quando X. tinha dois anos, o pai desapareceu e formou outra família. Não voltou a ver o filho até que este saiu de uma prestigiosa escola como o melhor aluno, para contratá-lo na sua empresa. Dez anos depois, o pai lhe agradece pelo trabalho, mas o demite, com indenizações muito volumosas, para abrir espaço para o segundo filho, do segundo casamento. A fúria e o ódio de X. o levam a abrir um negócio no mesmo ramo, que, dez anos depois, comprará a empresa do pai, que passava por dificuldades. Alguns meses depois, X. desenvolve uma doença renal grave. Recebe diálise e, depois, um transplante. É neste contexto que começa uma análise.

Só falarei do sonho.

O paciente me diz: "Substituo a senhora por um pai mais prestigioso, mas esse imenso pensador também era um nazista de merda, e isso me lembra meu pai...". Após um breve silêncio: "o importante é a gabardina bege clara. É a que eu comprei na semana passada. Acho que Heidegger, no sonho, também sou eu. Eu também fui sacana com meu pai, mesmo não me sentindo culpado na época... mas no sonho me dou um filho, eu mesmo, que reconheço. Aí está o sentimento de alegria. Tudo isso eu devo à doença. Sem ela, não teria feito análise".

Numa apresentação de meia hora, não posso aprofundar as complexidades da clínica e da teoria psicossomáticas. Em grandes traços, direi que esses dois pacientes, de estruturas totalmente diferentes, tiveram um "pai ausente". Essa "ausência" passa mais, evidentemente, pelas capacidades de elaboração psíquica da mãe do que pela realidade da ausência. Podemos imaginar que a mãe de Xavier não teve um acesso adequado à terceiridade. Nesses dois pacientes tão diferentes, pode-se constatar que foram forçados a se confrontar à questão do pai simbólico através da desordem somática, correlativa ao transbordamento, temporário ou de longa duração, das capacidades de elaboração psíquica do sujeito.

A presença de Thomas Laqueur, cujo livro (traduzido na França com o título *La fabrique du sexe*[5]) *Making sex, body and gender from the greeks to Freud*, tanto me ensinou e impressionou, motivou-me a desenvolver esta apresentação sobre "Pai morto e corpo" a partir de alguns pensamentos ou, melhor, interrogações mais gerais e antropológicas sobre as relações eventuais entre identidade, busca de identidade, portanto, de filiação fantasmática, e a moda — eu diria mesmo a indústria — atual de "marcar o corpo".

Minha reflexão sobre esse tema — raramente tratado pe-

---

5 LAQUEUR, T. *La fabrique du sexe*. Paris: Gallimard, 1992. [Em português: "Inventando o sexo: corpo e gênero dos gregos a Freud"].

los psicanalistas — começou durante um congresso muito "peculiar". Interessando-me, fazia muito tempo, pelo masoquismo e pela dor e tendo escrito sobre esses assuntos, em 2000, fui convidada como "psicanalista especialista" para um imenso congresso internacional de praticantes de sadomasoquismo. Foi numa cidade do interior da França. Havia outros convidados de fora, entre eles o conhecido sociólogo David Le Breton, autor de *Antropologia do corpo* e *Sinais de identidade*, que pesquisava havia muitos anos sobre a tatuagem e os piercings. O público desse congresso vinha do mundo inteiro e, em boa parte, dos Estados Unidos. Posso lhes dizer que isso me ensinou muito e me levou a repensar certas ideias preconcebidas, dogmas até, sobre o masoquismo.

Mas o que me interessa resgatar aqui é uma longa conversa que tive com um homem, Amaury, que me disse ter trinta e dois anos. Ele me impressionou porque, fora o short que vestia, não tinha um centímetro de pele livre de algum piercing ou tatuagem, ou ambos. Lembro-me que tive dificuldade em olhar para ele, concentrando-me em seu olhar. Foi ele quem me procurou para me dizer que, desde a sua "recriação" pelas "transformações corporais", sentia-se bem e não precisava de "psi". No entanto, estava preparado para responder às minhas questões...

Este homem não queria falar de sua infância, quis apagá-la. O que havia feito com ele, contou, era uma criação, uma obra de arte pessoal e sem passado. Ele não tinha nem história, nem mãe, nem pai. Considerava ter sido "autoengendrado". Então, eu o interroguei sobre o processo de transformação e sobre a dor física que o tinha acompanhado. Para ele, a dor tinha sido muito importante e muito investida como iniciática. A dor física apagava o passado e, através dos traços (cicatrizes) deixados, abria para ele uma memória nova. Falava das dores como de ritos de passagem, inevitáveis, mas salvadores.

O que Amaury me disse naquela tarde vai ao encontro das análises de David Le Breton, que, baseando-se num material importante de entrevistas, fala da "bricolagem identitária de si"[6], vendo nessas práticas uma dupla tentativa de abolir a filiação e, ao mesmo tempo, de encontrar uma nova ordem simbólica. Muito documentadas, as obras de Le Breton[7] são apaixonantes e mostram como ao declínio da marcação corporal tribal nas sociedades tradicionais sucede atualmente uma moda de marcações que, querendo-se dissidentes, não deixam de ser uma busca de identidade através de ritos de passagem individuais e anárquicos. Le Breton também se interessa pela questão da dor ligada ao ato da tatuagem e ainda mais ao do piercing. Constata que, num mundo ocidental hedonista muito voltado para a eliminação do sofrimento e da dor, o entusiasmo pelas marcas corporais é acompanhado por uma busca, até mesmo uma sublimação, da dor física.

O autor vê uma relação entre dor e sexualidade. Nega, no entanto, qualquer relação com o masoquismo. Pessoalmente, eu diria que isso se deve a que sua definição de masoquismo é a de um sociólogo. Além disso, penso que ele já leu Freud, mas seu conhecimento do masoquismo se termina, provavelmente, em 1915, antes do que é conhecido como "a virada de 1920".

Os casos que mencionei aqui ilustram, em meu juízo, uma falha da constituição do masoquismo originário. E é com minhas reflexões sobre este e o seu papel — que considero intrincador das pulsões através da dor que acompanha as modificações corporais — que encerrarei esta apresentação.

O masoquismo originário — que, pessoalmente, aproximo do conceito lacaniano de "gozo" — foi descrito por Freud em 1924 num artigo fascinante de onze páginas: *O problema econômico do masoquismo*. Os fracassos da clínica, a compulsão à repetição, a reação terapêutica negativa, o masoquismo, a psicose levam Freud a revisar sua teoria das pulsões e a substituir, em 1923, a primeira tópica pela se-

---

6 *Cultures en mouvement*, n. 38, 2001.
7 *Anthropologie du corpos et modernité*. Paris: PUF, 1990. *Signes d'identité, tatouages, piercings et autres marques corporelles*. Éditions Métailié, 2002.

gunda. Em 1924, ele se ocupa daquilo que chama de o enigma do masoquismo. Se a dor e o desprazer podem se tornar uma meta da vida psíquica, o que é feito do princípio de prazer? Esta é a pergunta de Freud. Ele precisa revisar não apenas sua teoria do masoquismo — até então entendido como retorno secundário do sadismo sobre a própria pessoa —, mas também o princípio de prazer. Econômico, o princípio de prazer assimilava o prazer à descarga e o desprazer à tensão (dolorosa) da excitação.

Assim, em 1924, Freud reconhece que prazer e excitação realmente podem se misturar. Isso o leva a considerar o que até então havia rejeitado: a existência de um masoquismo originário desde os primórdios da vida. Esse masoquismo "seria, então, um sinal e um vestígio da fase de formação na qual se completou a união, tão importante para a vida, da pulsão de morte com Eros" (p. 292, trad. fr., PUF).

Colocando as coisas de maneira mais simples e em minhas palavras: desde as bases da vida psíquica, a espera dolorosa do *infans* que tem fome e alucina o prazer do seio pode se tornar tolerável sendo *masoquistamente investida*. É preciso que exista um masoquismo originário para investir a espera, o desejo, o pensamento, a via do trabalho psíquico... Esta ideia me parece fundamental porque me permite compreender condutas secundariamente masoquistas como tentativas de correção ulteriores de um masoquismo originário que não se construiu (por exemplo, quando a mãe não soube fazer seu filho investir a espera, a via prolongada, o modo da representação).

Penso que os trabalhos de Stoller[8] e de B. Rosenberg apontam no mesmo sentido que a tese que proponho aqui. As modificações corporais, tão custosa e demoradamente adquiridas na dor, deveriam ser consideradas também sob a perspectiva de retomadas secundárias de um masoquismo originário falho — tentativas pessoais e inconscientes

---

8 "XSM". *Nouvelle Revue de Psychanalyse*, n. 43. Paris: Gallimard, 1991, p. 239-240.

de viver o que faltou, o investimento masoquista de uma espera dolorosa.

Procurando abolir a história, a filiação e a castração no discurso manifesto, não se pode ver, então, nesses ataques voluntários dolorosos ao próprio corpo tentativas de recriação, reencontros, com uma ordem simbólica que abre o imaginário[9].

No mundo ocidental, onde reina uma crise do sentido e dos valores, onde se assiste a um declínio da função paterna, a uma "morte do pai morto", o corpo parece tornar-se lugar de uma atenção redobrada e feroz, como se investir nele fosse o correlativo da desagregação do laço filial e comunitário. Sua marcação, destrutiva, "na carne viva", seria, então, a marca da falta, um apelo a um "pai morto" impensável?

"Luto e somatizações", título deste número da *Revue Française de Psychosomatique*, abre diversas vias de reflexão, entre as quais a do ataque voluntário ao corpo, de sua marcação irreversível e dolorosa. É por isso que, a modo de conclusão, parece-me interessante dizer algumas palavras sobre o destacado artigo de B. Le Maître, *Histoires d'encre et de sang* ["Histórias de tinta e de sangue"]. A autora, especialista em cinema, faz uma análise apaixonante do filme de Y. Tabashaki. Sem expressá-lo em termos psicanalíticos, pois este não é seu propósito, ela nos mostra uma sucessão de lutos impossíveis, não elaboráveis pelo trabalho psíquico clássico: Fujiéda não consegue esquecer sua antiga amante, pedindo, então, para a nova amante que faça — superfície da inscrição — a mesma tatuagem da anterior. Ele se dirige a um mestre tatuador, que, por sua vez, parece estar preso numa problemática complexa de filiações — diríamos, talvez, de "transferências" — com seus mestres pintores rivais do século XIX, cujos afrescos ele reproduz na pele de seus clientes.

Seus métodos são muito singulares, e podemos nos interrogar acerca de sua relação (homossexual? filial?) com seu assistente-discípulo.

---

9   TORT, M. *La fin du dogme paternel*, cap. II. Paris: Flammarion, 2005.

Aliás, B. Le Maître escreve que haveria, no centro desse filme, por trás da questão da tatuagem (incluindo aqui um ato sexual), "uma maneira de repensar ou reconsiderar o conceito de filiação". A filiação implica a sucessão das gerações, reais ou fantasiadas, e, consequentemente, o trabalho do luto.

Na história que nos conta Y. Tabashaki, de acordo com a leitura de B. Le Maître, o trabalho do luto, ou sua elaboração, é substituído, curto-circuitado pelo ato da tatuagem. A autora o expressa de uma forma impactante: "... tatuar é criar a filiação...". A tinta introduzida no corpo seria um líquido outro que viria a se misturar simbolicamente ao sangue da filiação numa tentativa de substituí-lo ou, então, de modificar sua substância. A intenção de B. Le Maître encontra surpreendentemente o questionamento que eu me faço diante do discurso de Amaury. Este procura abolir a história, a filiação e, consequentemente, todos os lutos, mas eu, por meu lado, teço a hipótese de uma tentativa desesperada de recriação de uma ordem simbólica...

Seja uma moda passageira nas sociedades à deriva, seja, mesmo quando mais ritualizadas, assumindo o aspecto de uma obra de arte, essas modificações corporais carregam em negativo a marca daquilo que seus portadores procuram evitar: a sucessão de gerações, a morte e o trabalho de luto.

6
Entre psicanálise e "necessidade de cura": o modelo do psicodrama abre um caminho para abordar pacientes somáticos?

> *"Confirma-se, então, que não é fácil para alguém servir a dois senhores ao mesmo tempo. Quanto mais íntima é a relação que um órgão dotado dessa função bilateral tem com uma das principais pulsões, mais ele se afasta da outra. Esse princípio conduz, necessariamente, a consequências patológicas se as duas pulsões fundamentais estiverem desunidas [...]"*
> (Freud, 1910, "A concepção psicanalítica da perturbação psicogênica da visão")

O dano ao órgão evocado nessa citação é da ordem da conversão. A doença orgânica é de outra ordem. Será preciso esperar até 1920 e a segunda teoria das pulsões para que Freud levante a questão do distúrbio somático na sua relação com a pulsão[1]. É a partir de uma reflexão sobre as vicissitudes de uma excitação pulsional ou somática, intricada ou livre, que eu gostaria de propor a experiência do psicodrama psicanalítico como modalidade de tratamento psicoterápico para pacientes psicossomáticos. Em teoria, não é comum utilizar, com pacientes cuja excitação corre o risco de continu-

---

1 FREUD, Sigmund. *Au-delà du principe de plaisir*. *Essais de psychanalyse*. Trad. J. Laplanche e J.-B. Pontalis. Paris: Payot, 1987, p. 76; *Rev. Franç. Psychanal.*, 3, 1991.

ar estritamente somática, uma técnica que coloca em jogo diretamente a sensório-motricidade. Retornarei a isso mais adiante porque o tema dessa edição, "Psicanálise e necessidade de cura", sugeriu-me um desvio que diz respeito também à finalidade das indicações.

Psicanálise, psicossomática e "necessidade de cura"

Qual o objetivo da famosa afirmação: "A cura vem por acréscimo..."? Adoto-a facilmente quando se trata da melhora de uma sintomatologia psíquica, mas o que acontece se for uma questão de vida ou morte? Quando uma mulher anoréxica com cerca de trinta e oito quilos afirma que associa, sonha e compreende cada vez melhor, mas está visivelmente emagrecendo? Isso levanta a questão da distinção entre funcionamento e trabalho psíquico. Nesse caso, respondi: "Se estou entendendo bem, você morrerá em breve, em perfeita saúde mental [...]". E exigi hospitalização imediata.

Essas mesmas questões preocupam os psicanalistas psicossomatistas. Diante dos sintomas somáticos, o "desejo de cura" não me parece poder ser reduzido à finalidade normativa sustentada pela frase "a cura vem por acréscimo" que, embora seja de Freud, foi apresentada por Lacan. O desejo de curar pacientes somáticos não se revela uma simples vontade de salvamento, mas pode, pelo contrário, tornar-se totalmente subversivo, pois significa, com frequência, a reabilitação da desordem psíquica ou da "loucura comum" que existe em cada um de nós.

Quando um homem que sofre de retocolite ulcerativa[2], cujo resultado pode ser mutilador ou, até mesmo, fatal, começa a apresentar, num período de remissão dos sintomas, impulsos fóbicos, ele está no direito de dizer ao seu analista: "você me deixou louco...", e talvez, de fato, o seu sofrimento

---

[2] Faço referência aqui a um caso de retocolite ulcerativa hemorrágica publicado nos *Cahiers du Centre de Psychanalyse*: *La solution délirante*, I, n° 14, primavera 1987, Solution psychosomatique. Issue somatique, notes cliniques: L'homme de Birmanie, p. 73-99.

esteja no ápice. Ainda que o analista possa pensar que essas loucuras ou dores psíquicas são mobilizáveis, uma colectomia com anastomose ileorretal continua sendo inevitável.

A ideia de "necessidade de cura" se torna, nessa área, muito mais complexa que na análise clássica: a denegação do desejo de curar a doença somática levaria o analista e o paciente a "uma comunidade na recusa", como descreveu Michel Fain, mas que, nesse caso, afetaria o corpo e causaria a morte.

Preciso, nesse momento, posicionar-me contra uma ideologia que, sob o pretexto de pureza analítica, confere à mente uma onipotência soberana e deixa de lado o corpo biológico. Chamo de ideologia o que talvez seja da ordem da fantasia, mas que levanta a difícil questão dos ideais do analista na contratransferência e me parece se infiltrar de forma mais ou menos sutil em parte da literatura psicanalítica.

Contratransferência, opções teóricas na clínica

Os autores do argumento evocam a possibilidade de um desvio da análise levar a uma prática da arte pela arte que poderia resultar em uma análise interminável. Isso seria uma desrealização que implica a ética pessoal de cada um, o que eu diria, nesse caso específico, que é um mal menor.

Parece-me que, quanto mais graves, pesados e traumáticos são os quadros clínicos e, portanto, provocadores de excitação no psiquismo do psicanalista, maiores são os riscos de contaminação da contratransferência pelos ideais ou, até mesmo, pelas ideologias.

Usarei como exemplo extremo disso todas as distorções do enquadre sustentadas pela reparação a qualquer preço, como também textos como o livro *Les indomptables, figures de l'anorexie*[3] de Raimbault e Eliacheff, que fazem da anorexia mental um "sacrifício" e "uma ascese significante" cuja cura se torna objeto de escárnio, pois é uma derrota e um

---

3 RAIMBAULT, G.; ELIACHEFF, C. *Les indomptables figures de l'anorexie*. Ed. O. Jacob: 1989.

retorno a uma existência social comum. Essa posição foi extremamente criticada por Colette Guedeney em um artigo[4] no qual ela denuncia o fascínio das autoras por uma problemática da qual negam o aspecto patológico para conferir a ela a qualidade de um desafio à ordem estabelecida. Colette Guedeney destaca o perigo, na contratransferência, de uma sedução que se desenvolve no registro especular e que pode levar "a uma perversão quanto aos objetivos da psicoterapia".

Nessa mesma linha de críticas, embora eu não compare de modo algum a qualidade dos textos em questão, gostaria de dizer aqui algumas palavras sobre um artigo muito bem documentado, mas perigosamente negativo no seu questionamento da abordagem psicanalítica dos pacientes somáticos. Trata-se do texto "Mythe de la genèse. A propos des stérilités féminines: psychosomatique ou 'psychosomatisme'"[5], publicado recentemente em um número da revista intitulada: *La Déliaison Psychosomatique*[6]. Interessante e bem escrito, esse ensaio me parece, no entanto, baseado em uma incompreensão, no sentido estrito do termo, sobre o que a prática da psicossomática significa para os psicanalistas da Escola de Paris. A autora parece, contudo, conhecer muito bem as suas teses e tem, por outro lado, o mérito de atenuar suas afirmações, retomando com frequência o que acaba de dizer. Assim, após ter criticado as noções de desorganização somática e fracasso da mentalização, ela admite, contudo, que a perspectiva evolucionista das hierarquias funcionais de Pierre Marty não implica uma verdadeira gradação de valor, mas acredita "[...] que saúde psíquica é, também, poder ficar doente [...]". Ela corrige a sua afirmação em uma nota de rodapé, acrescentando que Pierre Marty, que escreveu muito sobre a regressão, também "apresentou essa posi-

---

4   GUEDENEY, C. Une psychothérapie... pour quoi faire? *Les Cahiers du Centre de Psychanalyse*: Les psychothérapies, n° 18. Primavera de 1989, p. 89-108.
5   FEDER, F. Mythe de la genèse. A propos des stérilités féminines: psychosomatique ou "psychosomatisme". RFP, *La Déliaison Psychosomatique*, n° 3. Paris: PUF, 1990, p. 689-704.
6   RFP, *La Déliaison Psychosomatique*, 3. Paris: PUF, mai-jun. 1990,.

ção". Por fim, ela chama a atenção para o caso de crianças autistas que apresentam doenças somáticas quando saem de "suas bolhas autísticas [...]".

Para não entrar em uma polêmica[7], concentrarei meu questionamento em uma das vinhetas clínicas do artigo onde se unem, ao que me parece, certa confusão da autora sobre o processo psicanalítico na psicossomática e uma posição contratransferencial específica na qual estão em jogo e se opõem o desejo de compreender e a necessidade de cura.

Destacarei três pontos:

1. O que leva a autora a escrever que ela acredita distinguir "uma divergência profunda entre a abordagem psicossomática e o processo psicanalítico" (p. 702, § 2) está ligado à sua ideia de psicossomática como uma investigação causal, uma busca etiológica redutiva que dificultaria a compreensão de qualquer reorganização do passado no *après-coup*, assim como qualquer reorganização econômica possível a partir do distúrbio somático.

Oponho-me a essas ideias. Diante do dano corporal, da doença, o psicanalista psicossomatista se situa, em um segundo momento, como garantia de uma evolução sempre possível e sem ignorar, na minha opinião, o que é a regressão ou o *après-coup*[8].

2. Porém, mais do que argumentar com diversas citações, vou me deter, como afirmei, ao caso da paciente sem nome relatado por Francisca Feder (p. 699, § 4). Resumo rapidamente a história de uma mulher jovem que chamarei de Antígona. Essa escolha não é por acaso: uma das etimologias controversas de Antígona seria: *anti* = contra e *gonos* = sêmen. Filha de Édipo e Jocasta, Antígona acompanhou seu pai cego

---

[7] Em contrapartida, gostaria de dizer aqui que a noção de "inconcepção psíquica" dada por Feder, p. 699, § 1, parece-me muito interessante e produtiva.
[8] Refiro-me a BRAUNSCHWEIG, D.; FAIN, M. *La nuit, le jour*. Paris: PUF, 1975.

até Colono e, em seguida, retornou a Tebas. Por ter enfrentado as ordens de Creonte, foi condenada a ser enterrada viva e se enforcou. Dos filhos de Édipo, ela surge, de acordo com a tragédia de Sófocles, como quem deveria pagar pelo incesto parental com o maior sacrifício. Antígona está, então, no início de sua análise, com um pequeno fibroma que ela deixa se desenvolver até acarretar uma histerectomia. Paralelamente, ela diz no divã que "somatiza" e apresenta um material aparentemente instigante e sobredeterminado. A análise prossegue e (p. 700, § 1) a psicanalista afirma: "No *après-coup*, o fibroma tem sentido apenas a partir do seu desenlace final: a ablação do útero. A reconstrução no tratamento analítico vinculará de maneira permanente o fibroma ao que surgiu, *a posteriori*, como um caso de esterilização", e a autora acrescenta que a afecção orgânica serviu aqui a uma finalidade que "revela *après-coup* o projeto inconsciente: a esterilização, preço real a ser pago por sua culpa".

Eu diria que o sacrifício do útero de uma mulher jovem é um sacrifício enorme, um ato irreversível que fica marcado pelo resto da vida.

É um preço caro a se pagar a revelação *après-coup* de um projeto inconsciente para, em seguida, esclarecer uma história edípica fantasiada peculiarmente.

Acredito — e é nesse momento que as nossas escolhas teóricas encontram a nossa "ética" e se infiltram em nossas contratransferências respectivas e em nossas opções técnico-clínicas — que, ao "eu somatizo" de Antígona, eu teria respondido que ela possuía, sobretudo, um corpo, e não somente um corpo fantasiado, que não se tratava "também de um fibroma", mas de um fibroma. Em nenhuma simbolização no divã pode ser esquecido que a doença evolui à parte e por conta própria. Por fim, a abordagem psicossomática, na minha opinião, quer apenas significar que damos conta imediatamente do soma, porque sem ele não há muitas elaborações nem fantasias. Na obra *Le penseur d'occasion*, lê-se nos escritos de Cioran:

> Uma indigestão não seria mais rica em ideias do que um desfile de conceitos? As perturbações dos órgãos determinam a fertilidade da mente: quem não sente o seu corpo nunca estará em condições de conceber um pensamento vivo [...].[9]

3. O grande interesse que a leitura do caso de Antígona despertou em mim fez com que me questionasse de maneira diferente sobre a "necessidade de cura" na psicossomática. Isso parece se basear, com efeito, em concepções essencialmente paradoxais e contraditórias: afirmar a necessidade e a primazia do trabalho psíquico, se a vida está em jogo, implica, ao mesmo tempo, a renúncia à onipotência em ação em cada um de nós, ou seja, a esperança de que somente a análise possa "dissolver" um fibroma ou um tumor. Propor um caminho psicanalítico para pacientes que apresentam também uma doença somática parece ser, com frequência, o resultado de uma sucessão de renúncias: renúncia à etiologia, precisamente, e a uma compreensão linear, seja *a priori*, seja *a posteriori*; renúncia frequente ao protocolo clássico de quatro sessões no divã em benefício de um enquadre ainda rigoroso, mas que implica o face a face; renúncia, portanto, às sutilezas de uma neurose de transferência que se desenvolve por conta própria.

Encerro aqui essa enumeração, que poderia se tornar maçante. Ao me perguntar sobre o porquê dessa série de renúncias, ocorreu-me a ideia de que toda renúncia compreende a necessidade de um bônus de prazer como compensação. Penso aqui no "caminho mais longo", frequentemente evocado por Freud como antônimo da descarga. Ele implica a subsistência de um prazer ligado ao desvio temporário e ao deslocamento possível. Alguns tratamentos psicanalíticos nos impõem essas renúncias, ainda que somente à melhora; a menos que sejam apenas "acompa-

---

9 CIORAN, E. M. Précis de décomposition. *Le penseur d'occasion*. Paris: Gallimard, 1949, p. 138.

nhamentos por compaixão", é necessário que permitam um bônus de prazer compartilhado entre o analista e o paciente. Para o especialista em psicossomática, esse prazer poderia ser o trabalho psíquico que vem *por acréscimo*, por vezes, ligado à remissão da sintomatologia somática, mas às vezes, não[10].

Como exemplo desse último caso, citarei *Mars*[11], o admirável livro de Fritz Zorn, mencionado justamente no artigo de Francisca Feder. Devido à sua doença, Fritz Zorn tinha começado uma análise; porém, o processo psicanalítico não alterou o curso da doença. Pouco importa, na minha opinião, questionar-se atualmente sobre a psicogênese ou não do câncer que poderia matar o escritor aos trinta e dois anos, mas importa, sobretudo, interessar-se por esse texto construído no *après-coup*. Embora a análise possa ter ajudado esse autor a escrever, nos últimos meses da sua vida, uma obra literária desse calibre, isso confirmaria a qualidade do que chamei de "trabalho psíquico por acréscimo". Lembrarei a última frase da segunda parte do seu livro intitulado *Ultima necat*. Após ter escrito que a redação das suas lembranças não lhe trouxe resignação, muito pelo contrário, Zorn diz: "Ainda não venci o que estou combatendo, mas ainda não fui vencido e, o que é mais importante, ainda não desisti. Declaro-me em estado de guerra total".

Para encerrar aqui essa discussão, que talvez tenha ultrapassado um pouco o tema da "necessidade de cura" na psicanálise e na psicossomática, eu gostaria de acrescentar que não vejo divergência nem dissidência entre pensamento psicanalítico e pensamento psicossomático. A questão teórica que me parece central e comum a essas duas áreas continua sendo a dos destinos da excitação somática e pulsional. A partir de um modelo teórico único, é a clínica das indicações que diversifica os respectivos campos.

---

10 Ver o artigo de Angelergues neste mesmo número.
11 ZORN, F. *Mars*. Paris: Gallimard, 1979.

Indicações de psicodrama psicanalítico para pacientes psicossomáticos

Diante de qualquer paciente, quer ele apresente ou não uma sintomatologia somática, a especificidade da indicação se baseia na estimativa das modalidades do enquadre (psicanálise, psicoterapia, psicodrama psicanalítico) que permitirão, na melhor das hipóteses, que se produza um material processual cujo organizador deveria ser a transferência. E isso sem que a emergência das fantasias seja disruptiva ou traumática a ponto de saturar o sistema defensivo atual, qualquer que ele seja.

As psicoterapias já implicam uma organização singular: a introdução da corporeidade do psicanalista no campo visual do paciente. A passagem obrigatória pelo confronto com a alteridade através da encarnação dos dois protagonistas pode, paradoxalmente, ter objetivos contrários à primeira vista: ou, às vezes, um verdadeiro trabalho de reanimação, ou a modulação, o fracionamento da excitação por meio de propostas de figuração. A dimensão da finitude sexuada do psicanalista é imposta na sua realidade sensível à elaboração psíquica do paciente. A presença do corpo e do olhar se deve, certamente, ao apoio. Mas, em certos casos, pode facilitar o onirismo ao propor o enquadre e a situação como um conteúdo manifesto. Há, assim, em qualquer psicoterapia, uma dimensão "psicodramática" à qual, de acordo com as organizações psíquicas dos pacientes, recorremos com maior ou menor frequência.

A prática das psicoterapias de pacientes somáticos, o uso frequente com eles de um certo modo de intervenções ou de interpretações que favorecem um jogo identificatório e uma encenação psíquica me levaram a um questionamento sobre a indicação do psicodrama psicanalítico nessa área. Até agora, o psicodrama psicanalítico[12] não tinha sido con-

---

12 Obras sobre o psicodrama psicanalítico: AMAR, N.; BAYLE, G.; SALEM, I. *La formation au psychodrame analytique*. Paris: Dunod, 1988; BRUSSET, B. Comment le psychodrame peut-il être et rester psychanalytique, *Adolescence*, 1, 1963, p. 165; GILLIBERT, J. *Le psychodrame de la psychanalyse*, Champ

siderado uma das modalidades terapêuticas propostas a pacientes somáticos.

A primeira questão é a do destino de uma excitação da qual seria possível temer que continuasse somática e viesse a "coexcitar" o sintoma.

As relações de precedência entre teoria e clínica são complexas. A falta, até mesmo a ausência de recuo clínico, torna difícil, até perigoso, propor argumentos teóricos. No entanto, essa foi a minha abordagem[13]. Antes de iniciar a implementação de um psicodrama psicanalítico no *Hôpital de la Poterne des Peupliers*, em Paris, eu precisava me convencer de que a empreitada não era arriscada demais. O ponto de partida dessa reflexão foi uma simples intuição contratransferencial que, ao final de uma sessão, fez com que eu me dissesse que, mais uma vez, tinha "feito psicodrama em mim mesma". Com frequência, invoquei uma equipe imaginária que pudesse permitir um efeito de coro ou diferenciar, moderar ou contradizer minhas tentativas de figuração ou minhas propostas de construção.

Classicamente, a indicação do psicodrama psicanalítico se baseia mais na avaliação do funcionamento mental do que na nosografia. O psicodrama é dirigido a indivíduos nos quais se constata uma deficiência ou um fracasso dos mecanismos de deslocamento. Não há, consequentemente, liberdade associativa: ou o funcionamento psíquico parece deficiente ou é sentido como perturbador pelo paciente. "Para todas as pessoas, estabelecer relações entre suas representações, seus afetos, entre o passado e o presente, representa um perigo", escrevem Evelyne Kestemberg e Philippe Jeammet[14].

Vallon, 1985; GILLIBERT, J. *Le psychodrame originaire* (Monographie), Centre de Psychanalyse, 1991.

13 Agradeço aqui a Szwec, sem a amizade do qual não teríamos elaborado e refletido sobre esse projeto, nem realizado essa experiência iniciada em parceria há cerca de um ano. Agradeço também a Herzberg-Poloniecka, que nos permitiu implementar esse psicodrama.

14 *Le psychodrame psychanalytique, VII*: Indications et contre-indications. Paris: PUF, 1987, p. 71.

Essa descrição se encaixa muito bem com algumas organizações, como a neurose de caráter ou a neurose de comportamento, que também são afetadas por um dano somático. Ao temor de suas próprias produções psíquicas, evocado por Evelyne Kestemberg e Philippe Jeammet, eu acrescentaria um desconhecimento de qualquer vida fantasmática que, às vezes, deixa esses pacientes muito vulneráveis narcisicamente: o encontro com um funcionamento pré-consciente que supostamente age como apoio corre o risco de confrontá-los tanto com o que eles vivem quanto com a sua incompletude e a sua carência. "Eles vivem sua incompletude em uma intensa excitação cada vez que percebem um indivíduo completo", escreveu Fain sobre a incompletude da estruturação edipiana ("Psychanalyse et psychosomatique", *La Déliaison Psychosomatique*, p. 635). Acredito que aí se encontre uma das maiores dificuldades técnicas da clínica psicossomática.

Lembro-me de um paciente que sofria de hipertensão essencial gravíssima. Ele era professor de artes marciais. Com uma personalidade comportamental muito característica, enfrentava com frequência dificuldades no aspecto "relacional" da sua profissão e se sentia constantemente magoado por "não entender os outros". Qualquer sugestão de minha parte ele aceitava prontamente para, em seguida, ser tomado por um sentimento brutal de vergonha: "Eu não sabia". Da mesma forma, os vínculos com a sua história, assim como as minhas tentativas de reconstrução, sempre foram facilmente aceitos, mas reforçavam, a meu ver, uma passividade que era intolerável para ele. O silêncio o deixava completamente confuso. O caso desse homem é, claramente, um exemplo extremo, confuso para a analista pouco experiente que eu era; ele me induziu a adotar de maneira quase caricatural esse modo de intervenção que, mais tarde, chamei de "psicodramático".

Assim, acontecia de eu pedir, enquanto ele me contava uma discussão durante a qual tinha provocado a ira do seu interlocutor, para que se colocasse no lugar do outro. O que ele inferia disso? Ou o que eu deveria pensar sobre isso, uma pessoa de fora que ouvia esse diálogo evocado por ele?

Outro dia, retornando das férias em que havia acampado, ele me relatou de maneira dolorosa um momento no vestiário em que os colegas riram dele por ter afirmado que "adorava armar a barraca". Hesitando em mostrar diretamente o duplo sentido que ele não desconhecia, mas que não percebeu nessa circunstância, preferi dizer: "... uma mente mal-intencionada ou outro psicanalista poderia entender que...". Essa maneira de intervir permite, a meu ver, abrir uma via de retomada associativa sem, no entanto, implicar que deveria ter sido dessa maneira. A utilização de personagens fictícios intermediários tem a vantagem de atenuar a relação dual e favorecer o jogo psíquico. Trata-se, neste caso, de um trabalho que visa essencialmente à descondensação e que se concentra mais no funcionamento do que no conteúdo. A diferenciação progressiva entre o que vem de dentro e o que vem de fora constitui aqui o fundamento do que deveria se tornar um trabalho de elaboração para pacientes tomados por emoções e sensações que, não estando ligadas a representações, não assumem realmente o status de afeto e continuam sendo difíceis de verbalizar.

Qual deveria ser a especificidade da indicação de psicodrama psicanalítico para pacientes somáticos?

Não acredito que ela deva ser considerada em função da sintomatologia física, embora a questão da ansiedade e, portanto, da contratransferência exista para a equipe. A avaliação dos modos de falha do trabalho pré-consciente me parece importante, mas não é suficiente para esclarecer por que em alguns casos a relação dual parece ser mais indicada do que em outros. Algumas indicações de psicodrama são presumidas pela negativa, mas, ainda que se baseiem em uma realidade clínica frequentemente incontestável, permanecem pouco satisfatórias para a mente.

Para analisar a questão mais de perto, tentei formulá-la

de outra maneira: como a ferida narcísica se torna mais desorganizadora se ela for produzida numa psicoterapia face a face ou em uma equipe de psicodrama?

Questionei-me, então, se um elemento de resposta não poderia ser buscado a partir do aspecto organizador ou desorganizador das fantasias originárias.

Para alguns pacientes, o efeito de sideração e de ferida narcísica parece aumentar mais em uma relação dual que reforçaria a sua passividade. Não é possível pensar que, para eles, a fantasia da sedução da criança pelo adulto é mais pregnante que a fantasia da cena primária? Em um primeiro momento, eu acreditaria que esse era o caso do professor de artes marciais para quem, atualmente, teria proposto algumas sessões de exploração psicodramática.

A partir dessa hipótese, torna-se possível considerar o psicodrama psicanalítico como uma modalidade terapêutica preparadora para o maior organizador das três fantasias originárias, isto é, o da cena primária.

Na minha opinião, três princípios contribuem para isso:

a) A introdução forçada e afirmada da negação: um jogo que "não é para valer"[15].

b) A encenação, prelúdio à cena do sonho através de uma topografia: o tempo/lugar da sessão onde se assiste, como em um sonho, à reversão da sucessão: ação, fantasia, representação de si.

c) O advento do corpo em movimento, portanto, do gesto: a emergência de uma possibilidade de reversão da passividade.

Não entrarei aqui em detalhes do que poderia surgir como um argumento para o psicodrama. Darei apenas um breve exemplo disso: o surgimento, durante uma cena, de um gesto procedente do passado pode contradizer um discurso, desta-

---

15 Em um seminário no Institut de Psychosomatique Pierre Marty, Szwec insistiu sobre esse ponto.

cado e tratado como o detalhe insólito de um sonho; ele pode induzir o início de um trabalho de rememoração. Da mesma forma, a atualização através do jogo de um movimento ou de uma atitude corporal pode se instituir como base de uma dinâmica identificatória (penso em uma paciente que descobriu certo dia um gesto que reconheceu como sendo do seu pai falecido e "esquecido" desde a sua infância).

O problema levantado inicialmente continua o mesmo: não se corre o risco de criar uma excitação que continuaria a ser somática e provocaria mais desorganização?

Responderei, por enquanto, de maneira teórica, propondo o psicodrama como uma instigação à intricação pulsional. Pela introdução da negação e da distância e, por outro lado, pelo valor de ligação do jogo que reintroduz a inscrição somática e a liga ao discurso, assim como no sonho, o psicodrama não poderia ser pensado como modelo procedente do jogo das duas pulsões, portanto, como intricação da excitação?

O segredo profissional me impede de mencionar aqui o material que serviu de apoio ao meu questionamento, mas posso, contudo, evocar uma organização técnica que adotamos com essa paciente: a introdução de uma sessão mensal adicional, na qual eu a atendia sozinha e que geralmente era dedicada à evocação das cenas do psicodrama e dos seus efeitos. Durante essas sessões, um momento específico despertou meu interesse e parece indicar uma linha de investigação.

Sarah B. me contou que acabara de observar, graças ao psicodrama, algo incomum: qualquer impedimento para se mover, vindo de fora, era vivido por ela como "se esvaziasse a cabeça". Para ter devaneios ou ideias, é necessário que ela domine seus movimentos. A enorme intolerância a qualquer satisfação passiva nos remete ao texto *As pulsões e seus destinos*[16] e ao mecanismo do duplo retorno exposto sobre o qual Freud escreve que os destinos pulsionais de

---

16 FREUD, S. *Métapsychologie*. Trad. J. Laplanche. Paris: Gallimard, 1968.
N.T.: Em português, tradução a partir do original, mas o trecho pode ser encontrado em "Os instintos e suas vicissitudes", *ESB*, v. XIV, p. 79.

redirecionamento contra o próprio eu e de transformação de atividade em passividade são dependentes da organização narcísica do eu e carregam a marca dessa fase. A intolerância às satisfações passivas parece confirmar mais a desorganização delas do que algo da ordem de um conflito. A alternância atividade-passividade é substituída por: atividade-depressão = experiência do vazio.

Para terminar, retornarei a Sarah B. para dizer que, um ano depois, ela interrompeu de forma abrupta o tratamento psicodramático. Ela considerou que, psiquicamente, seu estado piorou muito; porém, a melhora da sua sintomatologia somática não era do seu interesse. "Necessidade de cura"? Do psicanalista? Do paciente? De qual cura? Muitas questões continuam sem respostas, mas talvez isso seja motivo para se alegrar: "A pergunta aguarda uma resposta, mas a resposta não ameniza a pergunta e, ainda que a resolva, não acaba com a expectativa sobre a pergunta da pergunta"[17].

---

17 BLANCHOT, M. *L'entretien infini, I*: La parole plurielle, II. Paris: Gallimard, 1969, p. 16.

7
Pequenas marcas do corpo

Pensar o corpo marcado nos leva infalivelmente a uma reflexão acerca da tatuagem, do piercing e de outras práticas mais ou menos radicais. Entre as marcas voluntárias que o sujeito inflige a si mesmo, eu também incluiria certas particularidades bem mais inofensivas: um bigode, uma mecha, um corte de cabelo, um traço investido como "um selo", "uma marca distintiva" que condensa toda a personalidade de um indivíduo, sua quintessência de ser no mundo.

Certas mulheres não conseguem cortar os cabelos. Já ouvi mil vezes: "Meus cabelos nas costas ou meu rabo de cavalo sou eu".

Pode-se dizer o mesmo de defeitos físicos leves, às vezes ínfimos: um caroço no nariz, um leve estrabismo, um sinal, uma mancha. Freud não deixou de perceber isso, em 1918, ao falar de um "narcisismo das pequenas diferenças". Curiosamente, essa expressão aparece no artigo *O tabu da virgindade*, na sequência de algumas reflexões sobre a diferença dos sexos. Freud cita E. Crawley, um antropólogo inglês que escreveu *The mystic rose, a study of primitive marriage*[1].

---

1 FREUD, S. Vol. IX, p. 199. [Em português: "O tabu da virgindade". *ESB*, v. XI].

Numa linguagem que difere um pouco daquela dos psicanalistas, Crawley cunhou uma noção que designou por "tabu de isolamento pessoal" (tradução minha). Diferenças menores entre pessoas muito semelhantes seriam a fonte dos sentimentos de estranheza e hostilidade tão comuns no ser humano. Freud fala, em seguida, da rejeição narcísica da feminilidade pelo homem e do tabu da virgindade que o defronta, entre outras coisas, com o horror do sangue, enquanto a mulher, por sua vez, é abalada pela defloração, que representa um atentado narcísico à sua integridade.

Freud volta a mencionar o narcisismo das pequenas diferenças em 1921, no capítulo VI de *Psicologia de grupo e análise do ego*, em 1930, no capítulo V de *O mal-estar na civilização* e, por fim, em 1938, em *Moisés e o monoteísmo*. Ele faz uma reflexão muito interessante de cunho sociológico, antropológico e filosófico que vai muito além do questionamento estritamente psicanalítico. No que diz respeito ao tema deste artigo, examinarei esse narcisismo singular "tomando a parte pelo todo". Um traço, um detalhe, uma particularidade destacada no próprio corpo parecem concentrar às vezes a especificidade, a humanidade de um sujeito, diferenciando-o dos outros. O que pode representar para um indivíduo X ou Y, por exemplo, um bigode, o seu bigode?

Há alguns anos, intrigou-me muito a leitura de um romance de Emmanuel Carrère, publicado em 1986[2].

Um homem de aproximadamente quarenta anos, bem-sucedido, bastante feliz, sem filhos, visivelmente apaixonado pela mulher, usa bigode há tanto tempo que não se lembra bem de seu rosto quando era imberbe. Seu bigode é muito particularmente investido. Ele criou verdadeiros rituais para barbear-se. À noite, durante o banho, com um uísque na borda da banheira, onde também estão colocados espelhos bem iluminados, ele dedica ao seu bigode um cuidado quase sagrado.

Esse momento de intimidade com ele mesmo é descrito

---

2   CARRÈRE, E. *La moustache*. Paris: Éditions Pot, 1986.

pelo escritor como "um momento de relaxamento organizado com esmero". Um psicanalista diria um refluxo do narcisismo sobre a própria pessoa.

Certa noite, ao se preparar para jantar na casa de amigos, o homem diz: "[...] E se eu tirasse o bigode? [...]"

Provavelmente distraída, em vez de dizer o que diz habitualmente ("Gosto de você com..."), sua mulher responde: "Boa ideia". Ela sai então para correr, lembrando-lhe o horário que devem sair. A partir desse momento, o leitor já pressente algo inevitável. Ele (nunca nomeado) se fecha no banheiro, barbeia-se uma primeira vez demorada e esmeradamente. Joga com a ideia de tirar o bigode para surpreender sua mulher. Ela muda de cabelo sem pedir sua opinião...

Percebemos que ele está preso num conflito de ordem narcísica. Ou, levando-a a sério, ele se mostra forte. Mas a que preço? Ainda não avalia. Ou então suas provocações não correriam o risco de adquirir um tom de revolta de adolescente? De qualquer maneira, ele será castrado, mas quer ignorar isso...

O desafio é considerável, mas "ele" ainda não está consciente disso. Trata do assunto como uma brincadeira...

No fim do ritual de fazer a barba durante o qual cuida com amor do bigode, ele toma impulsivamente a decisão fatal de eliminá-lo, de sacrificá-lo.

Recomeça a aparar:

Logo lhe vem a ideia de que esse monte de pelos poderia entupir o ralo da banheira... pegou o copo usado para os dentes, colocou-o precariamente na borda da banheira, na frente do espelho, e, debruçado sobre ele, começou a aparar a massa de pelos, que caiam dentro do copo em pequenos tufos compactos e negros sobre um depósito de calcário esbranquiçado.

No espelho, fica surpreso ao se descobrir: "nada mal", pensa então, identificado com o olhar que ele imagina ser o de sua mulher. Aguarda ansiosamente a reação dela diante dessa surpresa.

Até aqui, o leitor, psicanalista ou não, acompanha facilmente. Segue-se então uma narrativa infinitamente mais enigmática.

Agnès, sua esposa, não nota nada, justamente...

Num primeiro momento, ele pensa que ela está retribuindo na mesma moeda, fingindo bem não estar vendo nada. "Para esperto, esperto e meio". Admira como sua mulher é boa atriz. Ele também aguenta firme, mas quando o casal de amigos que encontram na mesma noite parece igualmente não notar nada, então cresce a angústia. Para combatê-la, imagina um complô do silêncio: Agnès os teria avisado por telefone, e eles combinaram tudo. É uma brincadeira que está durando muito tempo para o gosto dele.

No retorno para casa, dentro do carro, ele implora a Agnès: "Chega!... por favor, para! Estou pedindo para parar...". Ela não entende ou faz de conta que não entende.

Agora é o leitor que também fica perturbado e angustiado. Quem está louco? Ele estaria delirando, seria um mitomaníaco? Ela? Trata-se de uma alucinação negativa específica ligada ao passado?

— *Que história é essa de bigode?* — *diz ela.*

— *Agnès, eu o raspei. Não tem problema, vai crescer novamente. Olha para mim, Agnès...*

— *Você sabe bem que nunca teve bigode... pare com isso, por favor..., estou ficando assustada...*

No dia seguinte, no meio da noite, incapaz de dormir, ele se lembra da lixeira, do saquinho plástico que deve conter ainda os restos do bigode. Ele espera que Agnès não tenha tido tempo de fazer *desaparecer as provas...* Ele continua acreditando que seja um trote coletivo, cuja dimensão sádica o espanta.

Ele desce e vai até o local onde ficam as lixeiras.

Começou a vasculhar em busca de um saco que pudesse ser o deles... Logo encontrou o saco menor da lixeira do banheiro, retirou os cotonetes, dois tampax... lâminas de barbear usadas. E os pelos estavam ali. Diferentemente do que esperava encontrar, havia muitos pelos espalhados, ao passo que imaginava um tufo bem compacto, como um bigode solto intacto. Recolheu o máximo que pôde na palma da mão...

Ele acordou Agnès para lhe mostrar. Ela diz que ele está louco.
— *E isso então?* — repetiu ele, abrindo novamente a mão, como se quisesse convencer a si mesmo — *o que é isso?*

A partir dali, começa uma descida ao inferno da loucura. Com sua carteira de identidade em punho, na qual se vê de bigode, ele perambula por Paris para perguntar a desconhecidos se o reconhecem na foto. Finge ser cego e aborda uma jovem mulher a quem mostra a foto; ela confirma que é a dele. Ele insiste, querendo que ela lhe diga se ele tem um bigode, como na foto. Ela fica assustada.

Dois dias depois, ele janta com Agnès num restaurante. Muito preocupado com a saúde mental de sua mulher, procura então ser leve e desprendido. Paga com cheque e tem de apresentar sua carteira de identidade.

Ela agarra a carteira e, para lhe provar que o bigode na foto foi recentemente acrescentado com uma *Stabilo*, raspa o documento com a unha e depois com uma pequena lâmina.

Petrificado. Ele a observa tirar minúsculos fragmentos pretos, raspando até que o espaço entre a boca e o nariz fica não cinza como o resto da foto, mas um branco enrugado, rasgado.

"Ele" está cada vez mais chocado. Está literalmente num estado traumático. Depois de fazer peregrinações cada vez mais loucas, lhe vem a ideia de que precisa ir embora.

Afastar-se de sua mulher louca e, provavelmente, perigosa. Impulsivamente, toma uma condução para Roissy e compra um assento num voo para Hong Kong, destino para o qual não há necessidade de visto.

Em Hong Kong, começa a errância patológica bem conhecida pelos psiquiatras. Passam os dias, sucedem-se os estados de humor, perseguição, depressão, delírio cósmico.

Na verdade, como ele percebia agora, as coisas eram mais

complexas. Ele não estava louco; Agnès, Jérôme [seu sócio] e os outros também não. Só a ordem do mundo havia sofrido um desajuste abominável e discreto ao mesmo tempo, que passou despercebido por todos, exceto por ele, que assim foi posto na situação de única testemunha de um crime a ser, consequentemente, eliminada... Ele precisava fazer com que Agnès entendesse... seu desaparecimento era uma necessidade vital...

Ele perambula, toma vários *ferryboats*, adquire certa aparência de mendigo, mas continua a se barbear duas vezes por dia, deixando crescer o bigode... Certa noite, ao voltar para o hotel, descobre que Agnès está em seu quarto. Ela se dirige a ele como se nada tivesse acontecido, como se ambos estivessem simplesmente em viagem ou de férias. O leitor se pergunta novamente quem está louco. Ou será que ela está tentando tranquilizá-lo para poder levá-lo de volta e tratá-lo?

De toda maneira, ele responde no mesmo tom, perguntando simplesmente se pode usar o banheiro. Trancado, plantado na frente do espelho, ele "raspa o bigode", quer dizer, recorta com a lâmina de barbear um triângulo de carne que, segundo ele, teria sido coberta por um bigode. Ele se mutila para substituir o bigode, mostrado, desta vez, por um buraco, um vazio na carne; marca-se definitivamente e se observa... Em seguida, quando a dor se torna insuportável, ele prossegue, cortando a garganta.

O recurso à literatura tida como documento clínico é meu costume e sempre me pareceu algo rico. O exemplo acima é trágico e extremo ao mesmo tempo. Foi de maneira associativa que me ocorreu. Eu tinha em mente o tema deste número da *Revue Française de Psychosomatique* e pensava escrever sobre a tatuagem quando atendi, para uma consulta, uma jovem que havia apresentado estados de despersonalização graves, seguidos por uma fuga — um desaparecimento de dezoito horas —, depois de uma pequena operação estética.

O. é uma estudante americana que está passando um ano

em Paris. Estudou artes numa universidade da Carolina do Norte e está fazendo um doutorado que requer algumas pesquisas em museus parisienses, aproveitando para aprender francês durante essa estada. Divide o aluguel de um apartamento com outra estudante americana.

Descrevendo-se como alegre e sem dificuldades, O. conta que vem de uma família abastada, de um meio aristocrático do sul, que sempre a amou e protegeu. Tem dois irmãos mais velhos que moram nos Estados Unidos e estão terminando estudos brilhantes. Ela explica que sempre foi considerada como "a princesinha"; além de bonita, é boa aluna, vivaz, alegre, não sendo "do tipo que se angustia ou se deprime".

Ao escutá-la, tenho certa dificuldade de casar a imagem da pessoa que ela me descreve com a moça desfigurada, aterrorizada, que está à minha frente.

Ela me foi encaminhada por um psiquiatra que a atendeu e a medicou. Pensou em interná-la numa clínica e, de certa forma, queria minha opinião. A alternativa seria que eu a atendesse de três a quatro vezes por semana, até que seus pais viessem buscá-la para levá-la de volta aos Estados Unidos. A viagem deles estava programada e o doutor N. permanecia em contato com eles.

O. tinha um sinal maior que uma pinta, de cerca de meio centímetro de diâmetro, na bochecha direita, perto do nariz. Sempre o teve, disse soluçando, "desde o nascimento".

Com cabelos louros acobreados, ela tinha muitas sardas e fazia todos os anos uma visita de rotina ao seu dermatologista americano. Em Paris, recomendada a um dermatologista por amigos de seus pais, ela faz uma consulta com ele apenas para "verificar seus sinais".

Em vez de tranquilizá-la, como o seu colega americano, o médico francês põe em dúvida a benignidade do sinal e fala do risco de melanoma, afirmando que não devem perder tempo. Em suma, ele assusta O. e a convence a operar; ele mesmo operaria, uma vez que também é cirurgião plástico... Dois dias depois, ela dá entrada numa clínica privada onde se submeterá a uma intervenção relativamente grande, sob anestesia geral, para a retirada profunda do "sinal", mas sem que ficasse *um buraco na bochecha*.

O. não avisa a família nem os amigos, pois quer se mostrar corajosa e digna. Comenta com a sua colega de apartamento que vai se submeter a "uma pequena intervenção dentária".

Só depois, ela conta a suspeita de câncer e sua decisão rápida.

Ficou satisfeita com sua calma e admirou sua própria maturidade. Acredita que os pais ficarão orgulhos dela. Já se imagina contando a história num tom sério, mas leve, como sempre admirou nas mulheres da família materna, que eram capazes de permanecer "grandes mulheres" (*ladylike*) nos piores tormentos.

A respeito disso, ela fala da avó, viúva, muito bonita, que ainda viaja sozinha aos oitenta anos e conhece a Índia como a palma da mão. Embora nascida numa grande família do sul, essa avó faz nesse momento campanha para a eleição de Obama.

O. comenta, de passagem, que a avó também tem um sinal na bochecha direita, mas é mais em cima e mais perto da maçã do rosto...

Esse relato é entrecortado por lágrimas, soluços e silêncios breves em que ela retorce as mãos, contorcendo-se como se nenhuma posição fosse confortável. Percebo-a pálida, com olheiras profundas. Aliás, conta que perdeu peso, que tem dificuldade de dormir e comer, apesar dos remédios. Penso numa criança perdida no meio de uma multidão, com medo de não encontrar seus familiares.

Atendi O. apenas três vezes. Não cabia dar a ela interpretações. Eu tinha dois objetivos: receber sua angústia, tentando, com O., ligá-la a representações e fazer com que percebesse o interesse, para ela, de realizar um trabalho de análise de longo fôlego, assim que voltasse para os Estados

Unidos. Meu temor era de que o episódio logo fosse "arquivado" e reprimido.

Em nosso segundo encontro, três dias depois, O. me conta melhor o seu encontro com o dermatologista-cirurgião. Recrimina-se muito por ter confiado nele imediatamente. Ele falava inglês sem sotaque, mostrou-se atencioso e paterno. Em outras palavras, O. explica, sem dizê-lo diretamente, ter sido seduzida por um substituto edípico. Ele lhe disse que ela estava em perigo, que podia confiar nele e que ficaria "ainda mais bonita sem aquele sinal na bochecha".

No entanto, o sinal na bochecha a ligava à avó materna idealizada que tinha "quase o mesmo" sinal. O médico a separava assim, em fantasia, da linhagem materna considerada perigosa, conforme o veredito de malignidade.

Além disso, ele mencionou "um buraco na bochecha" que não deveria existir porque o preencheria. Ora, embora não tivesse dado importância à expressão durante a consulta médica, foi justamente esse buraco que ela acreditava encontrar embaixo do curativo no dia seguinte à operação. Teve uma crise de pânico típica e foi sedada por uma injeção que a fez dormir durante vinte e quatro horas. Ao despertar, estava num estado de despersonalização, obcecada pela *ideia de um buraco embaixo do curativo*.

As fantasias de estupro nos parecem evidentes, mas, provavelmente assustados, o cirurgião e as enfermeiras propõem uma transferência para uma clínica psiquiátrica e chamam um psiquiatra para atendê-la. Este compreende que são mais manifestações histéricas agudas do que uma psicose. Ele a visita diariamente até sua alta da clínica e me encaminha O. em seguida.

Esse psiquiatra notável ficou muito preocupado, depois que O. saiu da clínica, com uma "fuga" de cerca de dezoito horas que R., a colega de apartamento de O., lhe informou.

O. não se lembra do que fez. Sabe que voltou para casa ao amanhecer, quando R. já havia avisado o doutor N. e se preparava para ir à polícia.

Provavelmente, deve ter vagado por Paris num *estado crepuscular histérico*, como diziam os antigos psiquiatras. Sugiro-lhe: "Em busca da sua avó? Aquela que tinha o mesmo sinal? Como se você tivesse perdido todos os vínculos com ela desde que esse homem retirou essa marca?".

O. parece surpresa, olha para mim demoradamente e depois sorri. Quando pequena, ela sempre queria estar com essa avó, verdade, ela a procurava...

No nosso último encontro, O. parece "renovada", vem do consultório do doutor N. Ele foi "genial"; eu concordo.

Ela me conta ter tido a ideia de fazer, um dia, "uma tatuagem do seu sinal", quando sua bochecha estiver definitivamente cicatrizada. Sem dizer nada, penso: *para apagar todos os vestígios do crime*. Lembro-me então do romance... Perspicaz, ela percebe minha perplexidade.

"Você acha que devo fazer primeiro uma psicanálise?".

Digo-lhe simplesmente que, em geral, é preferível tentar compreender primeiro e deixar para agir num segundo momento.

O. faz um longo silêncio e, em seguida, me explica que minha proposta vai de encontro ao modelo familiar, principalmente paterno, segundo o qual é preciso agir, senão, somos um *loser* (um perdedor)...

No entanto, sua avó e até mesmo sua mãe são um pouco diferentes..., mais europeias. Aliás, ela já havia me falado das longas viagens da avó ao exterior e à Índia...

Não consigo deixar de pensar que *eu gostaria que O. fizesse uma bela análise*, pois ela tem recursos psíquicos para isso. Meu otimismo ousado por essa moça muito jovem, bela e simpática é atenuado pela reminiscência do romance de Emmanuel Carrère, lido recentemente. Como um bigode ou um sinal podem adquirir tamanha importância, representando assim, para o sujeito, ao mesmo tempo, tamanha ameaça de cataclisma narcísico?

A organização edípica e seu término desempenham um papel preponderante. Do passado de "ele", do romance, não sabemos nada.

O., ao contrário, revela logo dispor de uma história que se estende inicialmente em três gerações. Percebe-se facilmente que estamos diante de um *après-coup* do qual ainda não conhecemos o *avant-coup*. Todavia, não quero tratar aqui dos dois tempos da castração nem do traumatismo, mas de um fenômeno da ordem de uma *"estase" da libido que pequenas marcas do corpo podem concentrar para um sujeito*.

Narcisismo das pequenas diferenças? Estou ciente de que estou dando uma extensão à noção freudiana, mas se trata justamente de um fenômeno semelhante em que uma marca do corpo se torna "um tabu" pelo investimento narcísico de que é objeto, um investimento que transforma essa marca em garantia da integridade narcísica do indivíduo.

Não dizemos "marcas de nascença" ou "marcas de fábrica", nas quais é proibido tocar? Um tabu é um tabu, sua transgressão podendo levar à desorganização identitária e à morte.

Freud faz da estase libidinal um processo econômico que pode ser a causa do desencadeamento da neurose ou da psicose, mas, tradicionalmente, trata-se de um acúmulo da libido em formações intrapsíquicas. Não poderíamos imaginar o mesmo processo, a mesma "estase", acumulando-se em locais muito investidos do próprio corpo?

No capítulo II de *Sobre o narcisismo: uma introdução*, na *teoria das pulsões*, Freud examina as acumulações da libido no corpo nos casos de doença e hipocondria.

Ele as compara e apresenta a hipótese da hipocondria como terceira neurose atual. Pergunto-me se *essas pequenas marcas* a que me refiro não tiveram primeiramente um investimento hipocondríaco. De acordo com o texto, isso também lhes conferiria um caráter semelhante ao das zonas erógenas. Elas são, portanto, portadoras de um narcisismo que pode ser de vida, mas igualmente de morte...

8
As exigências da representação

O tema "Entre psique e soma" habita toda a filosofia ocidental, como brilhantemente mostrou Françoise Coblence em "La vie d'âme"[1].

Como já escrevi, mas desejo repetir, o pensamento psicossomático vai muito além do questionamento etiológico. A eclosão de uma doença, em determinado momento da vida, é o resultado de inúmeros fatores, entre os quais os fatores psíquicos. Mesmo sendo interessante considerá-los, parece-me infinitamente mais importante um exame atento da economia psíquica. No entanto, devido à atenção dada à quantidade, o ponto de vista econômico é sempre "psicossomático".

Na última página do capítulo IV de *Além do princípio de prazer*[2], Freud fala das neuroses de guerra.

> [...] um grande dano físico causado simultaneamente pelo trauma diminui as possibilidades de que uma neurose [traumática] se desenvolva.
> [...] moléstias penosas e febris exercem um podero-

---

1 COBLENCE, F. La vie d'âme.Psyché est corporelle, n'en sait rien. *Revue Française de Psychanalyse*, v. 74, 2010/5, p. 1285-1356.
2 FREUD, S. Além do princípio de prazer. *ESB*, v. XVIII, p. 22.

so efeito, enquanto perduram, sobre a distribuição da libido.

É também bem conhecido, embora a teoria da libido ainda não tenha feito uso suficiente do fato, que distúrbios graves na distribuição da libido, tal como a melancolia, são temporariamente interrompidos por uma moléstia orgânica intercorrente.

Querer introduzir o psicossomático dentro da questão da pulsão não é, portanto, algo tão novo assim. Foi o que tentei fazer ao escolher como eixo a representação.

Freud fala em "exigência de trabalho", o que inclui a representação. Logo, exigência de representação ou, eu diria até mesmo, pressão à representação exercida em todos os sentidos e num circuito que inclui necessariamente o objeto, sem o qual o próprio conceito de pulsão é inconcebível. Durante uma entrevista concedida por Wladimir Nabokov a um jornalista que lhe perguntou em que língua pensava, uma vez que falava sete línguas, o escritor respondeu com uma inteligência admirável: "Não sei. Acho que penso em imagens".

O grande pediatra Léon Kreisler me falou, certo dia, de sua preocupação em relação aos bebês com deficiência visual, pois um estudo realizado em Saint-Vincent-de-Paul havia comprovado que, depois de comunicada a deficiência à família, as mães paravam de falar com o bebê. Diante do meu espanto, Kreisler disse: "Mas as primeiras palavras de uma mãe sempre são 'veja, olhe...'".

A imagem, em seu encontro com a linguagem, é um material essencial para a vida anímica, como bem mostra esse exemplo. A bela expressão "ver com os olhos da alma", com referência ao mundo interno, é uma metáfora eloquente. Pressão à representação[3] exercida pelo psiquismo do outro, vinda primeiramente do objeto primário.

Antes mesmo de dar à luz, a mãe representa para si mes-

---

3 René Roussillon defendeu a ideia de uma pressão à simbolização. Ver ROUSSILLON, R. *Agonie, clivage et symbolisation*. Paris: PUF, 1999.

ma uma criança viva, presente no seu psiquismo e para o seu psiquismo. É comum dizer que o trabalho psíquico da mãe, sua "capacidade de *rêverie*", possibilita à criança uma vida psíquica. Mas é também porque a criança é capaz de sentir a mãe psiquicamente ausente que ela tenta desesperadamente representar para si o mesmo que a mãe. Num segundo tempo, sempre identificada com esta, a criança poderá ausentá-la para pensar de maneira autônoma. Refiro-me aqui à *estrutura enquadrante da mãe*, noção fundamental descrita por André Green.

Por que falar em exigência de representação ou, hoje, em pressão à representação, e não em compulsão à representação, como faz J.-C. Rolland?

Eu quis manter o termo freudiano *exigência*, extraído da definição da pulsão, porque a exigência ou a pressão me parecem envolver mais a necessidade do objeto do que a noção de compulsão. É justamente por essa razão que digo *compulsão a transferir*, vendo nesta um dado antropológico fundamental do humano que antecede o encontro analítico. A transferência não é criada pelo dispositivo analítico; este último a ordena e lhe devolve sentido ou lhe dá sentido.

Descrevi o que chamo de compulsão à transferência, diferente, a meu ver, da pura compulsão à repetição. Esta tende à extinção da excitação traumática, ao passo que, de acordo com minha ideia, a compulsão à transferência visaria à revivescência da excitação traumática, mesmo no seio de uma transferência além do princípio de prazer.

Embora nossas abordagens sejam distintas, senti-me estranhamente familiarizada com o relatório de Coblence[4]. "A psique é corporal, de nada sabe", propõe Coblence. Eu acrescentaria que o corpo exige um trabalho de representação que seja compatível com as exigências da representação.

Tais formulações parecem se inserir num monismo ra-

---

4 N.T.: A autora se refere ao texto "La vie d'âme. Psyché est corporelle", relatório apresentado por Françoise Coblence no Congrès des Psychanalystes de Langue Française, em Atenas, em 2010.

dical. Os fenômenos são mais complexos. Sigo pensando que o monismo substancial é uma condição prévia à psicanálise, mesmo que um dualismo funcional se imponha na apreensão de fenômenos de ordem diferente, biológica ou psíquica. Uma das ambiguidades se deve ao fato de falarmos de "psicossomática", quando corpo e soma não são a mesma coisa.

O corpo já é representação, enquanto do soma a psique não conhece nada. *Ena apsicho soma* é uma expressão em grego segundo a qual o soma seria um corpo que já não é mais habitado pela psique. Faço minhas duas expressões que li em comunicações pré-publicadas: "entre psique e soma, o corpo"; "ali onde estava o soma o corpo estará". Para privilegiar o eixo da evolução da representação de uma tópica à outra, precisei condensar a revisão de certas noções, insuficientemente aprofundadas neste texto: apoio[5], traço mnésico, constância, figurabilidade.

Como consequência lógica da segunda teoria das pulsões, a segunda tópica corresponde a uma clínica que já não é mais aquela da histeria e das psiconeuroses de defesa. O inconsciente se torna um *isso-caos* em que reina também a destruição. Paralelamente à ênfase na carga pulsional e na economia de forças contraditórias, assistimos, na teoria freudiana, a um declínio da importância da noção de representação. Submetidas a cargas antagônicas, as representações inconscientes da primeira tópica seriam então atacadas ou até mesmo pulverizadas no próprio id. A pulsão de morte desfaz todas as ligações. Considero esse ponto central na minha investigação. Levantamos aqui não só a questão teórica acerca da origem da representação, mas também toda a problemática do afeto. Isso não é novo; antes de mim, outros já haviam trabalhado bem essas questões. Preocupei-me em aprofundar suas imensas implicações

---

5 N.T.: Em alemão, *Anlehnungs*. Optamos por traduzir por *apoio*, seguindo o *Vocabulário da psicanálise*, de Laplanche e Pontalis, embora o termo *anáclise* faça parte do vocabulário internacional da psicanálise.

clínicas. É preciso restabelecer as ligações desfeitas e criar inconsciente.

Para mim, são essas as verdadeiras questões. Minhas vinhetas clínicas e casos mais trabalhados, como o de Makiko[6], buscam ilustrar as peculiaridades do trabalho analítico com pacientes nos quais a associatividade foi abolida e a linguagem não é mais metafórica, tornando-se, às vezes, mais próxima da descarga e da ação do que sendo portadora de elaboração. Quais são, então, nossas vias de acesso aos materiais inconscientes?

Dedico-me a esse trabalho há muito tempo, e minhas escolhas técnicas não têm nada de revolucionário, mas o importante para mim é poder pensá-las dentro de uma coerência com a metapsicologia freudiana clássica, evitando, sobretudo, qualquer recurso a "novidades".

Desde *Estudos sobre a histeria* (1895) até *Análise terminável e interminável* (1938), há um enunciado ao qual Freud permaneceu fiel sem modificar uma vírgula sequer: o único motor do tratamento psicanalítico, assim como sua única ferramenta terapêutica, é a transferência. Compartilho dessa convicção e faço dela o meu fio condutor. Isso me levou a interrogar-me sobre a contratransferência. Sinto-me muito próxima da concepção de Lacan quando ele escreve, no Seminário XI[7]:

> A contratransferência é um fenômeno que inclui o sujeito e o psicanalista; dividi-la em termos de transferência e contratransferência [...] nunca é senão uma forma de eludir aquilo do que se trata.

Para mim, trata-se de um único e mesmo processo pelo qual são conduzidos os dois protagonistas. Nesse mesmo processo, eu quis reservar um lugar para a "percepção inconsciente".

6   Ver o artigo "Regressões impossíveis", capítulo 10 deste livro.
7   LACAN, J. Os quatro conceitos fundamentais da psicanálise. *O seminário, livro 11*. Rio de Janeiro: Zahar, 1964.

Comentada por Freud em *O inconsciente* (1915), a percepção inconsciente parece ter sido esquecida, mas ressurge através da questão enigmática da transmissão de pensamento. Embora muito ambivalente, Freud a retoma na XXX Conferência, intitulada *Sonhos e ocultismo* (1933). Em duas cartas enviadas a Ferenczi, em outubro de 1909, Freud faz da transmissão de pensamento "um fenômeno puramente somático" e, depois, "de ordem fisiológica". Isso não é desprovido de interesse para o meu trabalho clínico.

A segunda teoria das pulsões e a segunda tópica sempre me pareceram mais adequadas para pensar sobre os pacientes difíceis, os quais, aliás, levaram a elas. Muitos entre nós, dentre os quais Gérard Szwec e Claude Smadja, tentaram revisitar a obra de Pierre Marty à luz da pulsão de morte, mantendo a articulação entre as duas tópicas. Isso explica meu interesse pelo que chamei de "destruição dos processos de pensamento".

Acredito na existência de uma destrutividade que, em certos casos, afeta especificamente o tecido representativo. Isso só se torna compreensível a partir dos escritos posteriores à guinada de 1920.

Não retomarei a ilustração clínica que desenvolvi no texto do *Bulletin*, mas optei por comentar um romance recente cuja leitura muito me transtornou por sua ressonância com o que tentei expressar no referido texto. Minha paixão pela literatura japonesa é muito anterior ao meu encontro com Makiko e permanece a mesma até hoje. Dentre os escritores contemporâneos, Yoko Ogawa é uma dos meus favoritos. Seu romance se intitula *Cristallisation secrète*[8].

Uma ilha do arquipélago japonês foi isolada do resto do mundo. Já não se sabia mais o que era um barco. Uma vontade demoníaca e anônima submete os habitantes da ilha a fenômenos estranhos e inevitáveis sob a forma de sumiços. Certo dia, sumiu o perfume, logo em seguida uma cor, de-

---

[8] OGAWA, Y. *Cristallisation secrète*. Paris: Actes Sud, 2010. [Não dispõe de tradução em português].

pois os calendários e as rosas. A narradora, uma jovem escritora, diz: "Nesta ilha, é tão difícil se lembrar de um perfume, porque, de toda maneira, o perfume desapareceu de todos os corações".

Na manhã em que desapareceram as rosas, a narradora estava passeando por um roseiral: "Por mais que eu lesse todas as placas que descrevem as diferentes espécies, percebi que já não havia mais a emoção, e eu não via mais o que era uma rosa". Seu pai era ornitólogo. Certo dia, todos os pássaros foram embora. Ela queria desesperadamente guardar dentro de si o modo como eles voavam, o bater de suas asas, seus gorjeios, suas cores:

> Mas isso não adiantava, porque os odores e os ruídos já haviam desaparecido, e os pássaros, que deviam trazer muitas lembranças do meu pai, já não despertavam em mim nenhum sentimento de ternura. Quando se dissipa o coração, o pássaro não passa de uma criatura que plana no ar graças às suas asas ativadas verticalmente [...].

A narradora, que vive de sua escrita e prepara um romance, encontra-se com R., seu editor. Ambos se perguntam como continuar, nessa ilha onde tudo desaparece, "a construir alguma coisa com palavras". Então, a angústia os oprime: "O que aconteceria se desaparecessem as palavras?".

Durante esse diálogo, R. e a narradora conversam com franqueza; ela lhe conta sobre sua mãe e seu pai, compreendendo que R. é um "persistente". Ele confessa que consegue guardar o que desapareceu: "Eu conheço o verde-esmeralda e o aroma do perfume, nada se apagou no meu coração".

Nós, psicanalistas, não seríamos "persistentes ao buscar conservar uma memória em que as representações e os afetos estão ligados"?

A narradora encontra em R. um objeto, objeto transferencial. Graças a ele, no diálogo com ele, ela tenta aguentar, sentir para rememorar, rememorar para sentir-se viva.

Ele lhe mostra um tíquete antigo de *ferryboat* meio apagado e pede que ela se concentre em suas lembranças. Ela diz: "É muito pouco, mas tenho impressão de que isso estremece a superfície da minha memória". A escritora mostra bem o que eu descrevi menos poeticamente: esses estremecimentos da memória só podem ocorrer na transferência.

O desfecho trágico de *Cristallisation secrète* não pode ser resumido em poucas palavras. Apesar da luta obstinada travada por alguns, os sumiços continuam. Agora, são partes do corpo que desaparecem:

> Aos poucos, todo mundo se acostumou a viver sem a perna esquerda. Por mais que se esperasse, as pernas esquerdas, sem apodrecer nem cair, tinham seu lugar no sistema articulatório. Mas ninguém prestava atenção. Como não era possível se lembrar de como eram as coisas antes, não havia necessidade de se preocupar [...]. Quando desapareceu o braço direito, as pessoas também não ficaram perturbadas..., bastava se preparar para viver, na manhã seguinte, com uma nova cavidade.

R. lhe diz: "Pelo menos, sempre poderei tocar em você". Ao que a narradora responde:

> Por que tocar em coisas desaparecidas? Você consegue reavivar o papel que elas tinham quando existiam. Mas isso não faz com que uma coisa ressuscite. As lembranças do passado são iluminadas apenas por um instante, como um bastão de fogo de artifício que lança uma última faísca antes de se apagar. Quando não há mais luz, logo esquecemos...

Yoko Ogawa descreve magistralmente, em sentido inverso, o trajeto pulsional que vai da sensorialidade à representação, passando pela emoção para chegar finalmente ao afeto. Este me parece um exemplo do que tentamos realizar em nosso trabalho analítico e que eu quis mostrar ao relatar o tratamento realizado com Makiko.

O texto de Yoko Ogawa, que leio aqui como documento clínico, abre as problemáticas da lembrança, da memória e, portanto, da fragmentação do tempo em relação com a história. Questiona a reativação dos traços mnésicos nos diferentes sistemas e na constituição da memorização e da figurabilidade.

A romancista nos mostra *in vivo* a desobjetalização em ação. Função desobjetalizante que tende a chegar ao branco, ao vazio, à anestesia que paralisa o afeto, a representação e o pensamento. Como mostrou André Green, essa "vacuidade" poderia ser uma solução defensiva contra uma ameaça de invasão pelo objeto, figurado no romance por uma ditadura enigmática e invisível.

Em condições traumáticas, uma criança deve enfrentar somas de excitações internas e externas vindas do objeto ou atribuídas a ele. De fato, para a criança, um terremoto ou um bombardeio são provocados pela mãe. O objeto se torna então fonte de perigo a ser neutralizada. Surge aqui a questão levantada por Christian Delourmel acerca dos destinos distintos que levam alguns à psicose e outros a uma depressão de tipo essencial que traz virtualmente riscos de somatização.

Em 1938, em *A divisão do ego no processo de defesa*, Freud fala justamente dos traumatismos muito precoces dos quais a criança só se livrará à custa de uma clivagem do eu, clivagem esta que nunca será reparada, mas crescerá com o tempo. Essa clivagem se apoia numa recusa perceptiva da realidade externa. Em artigo bem anterior, aventei a hipótese de recusas específicas que incidiriam sobre as percepções endossomáticas e poderiam favorecer a via das descompensações somáticas posteriores. Do meu ponto de vista, precisamos imaginar um tronco comum em que traumas precoces e clivagens constituem o leito de tentativas diferentes de autocura. O delírio, criação de uma neorrealidade para alguns e, por vezes, a instalação de um funcionamento operatório de sobrevivência visam a neutralizar, pelo sobreinvestimento do perceptivo, tudo o que vem do interior da unidade somatopsíquica.

Confrontada desde muito cedo, em minha trajetória analítica, com organizações psíquicas em que a força ultrapassa o sentido, interessei-me por semelhanças entre as clínicas das psicoses brancas (ou frias), dos estados-limite e dos pacientes somáticos. A qualidade da angústia não é a mesma encontrada nas análises de pacientes neuróticos, pois há atuação. Circulando entre os dois protagonistas no enquadre da sessão, o *quantum* de afeto se torna um "sensor em busca de representações".

Uma das dificuldades é a destruição das representações, o fracasso das ligações entre representações que se tocam sem se ativarem. Outra dificuldade é o achatamento da temporalidade, o imediato, em suma, o atual. Intervém aqui a importância crucial de um investimento precoce da espera graças ao masoquismo erógeno primário.

Para o pequeno ser humano, a qualidade desse investimento questiona a qualidade da mentalização do objeto primário. A mãe precisa, além disso, situar-se no registro do desejo.

A própria estrutura do desejo humano é essencialmente masoquista, uma vez que implica a ausência e a espera do objeto. O desejo se liga à representação do objeto ausente projetada em seguida sobre um objeto presente. Para Braunschweig e Fain, essa "representação de um objeto ausente projetada sobre o objeto presente origina o objeto do desejo". Presentes na construção do inconsciente, os traços mnésicos também governam a formação do pensamento, retendo a descarga. Essa retenção da descarga só é possível se for transmitida pela mãe, mediante o investimento de uma contenção dolorosa, fundamento constitutivo de toda e qualquer mentalização posterior.

Haveria, pois, desde o despontar da vida, uma *pressão à representação* exercida pelo psiquismo do outro, paralelamente a um chamado à integração da posição passiva, condições que, aliás, encontramos no dispositivo analítico e na regra fundamental.

◆

INTRODUÇÃO À QUESTÃO METAPSICOLÓGICA
O enunciado "entre soma e psique" leva diretamente à problemática da pulsão. A palavra *pulsão* é mencionada pela primeira vez no *Rascunho* enviado a Fliess em 1897. Em 1899, Freud mencionou a existência, nas "lembranças encobridoras", de dois poderosos motores pulsionais: a fome e o amor. Porém, o termo alemão *Trieb* só aparece em seus escritos como categoria metapsicológica em 1905, em *Três ensaios sobre a teoria da sexualidade*[9].

> Por *pulsão* podemos entender, a princípio, apenas o representante psíquico de uma fonte endossomática de estimulação que flui continuamente, para diferenciá-la do "estímulo" que é produzido por excitações isoladas vindas de fora.

Assim, a pulsão é unicamente o representante psíquico de uma excitação interna e contínua. No entanto, Freud nuança essa primeira afirmação mais adiante:

> A pulsão, portanto, é um dos conceitos da delimitação entre o anímico e o físico [...] em si mesma, [a pulsão] não possui qualidade alguma, devendo apenas ser considerada como uma medida da exigência de trabalho feita à vida anímica.

Em *Três ensaios*, Freud tenta pensar a sexualidade humana, e é nesse contexto que nasce o conceito de pulsão. Assim, as psiconeuroses devem ser concebidas à luz da força da pulsão. Freud diz:

---

9 FREUD, S. Três ensaios sobre a teoria da sexualidade. *ESB*, v. VII.

> Não quero dizer com isso apenas que a energia da pulsão sexual faz uma contribuição para as forças que sustentam os fenômenos patológicos (os sintomas), e sim asseverar expressamente que essa contribuição é a única fonte energética constante da neurose e a mais importante de todas [...].

Através do método psicanalítico, Freud busca compreender melhor a pulsão em sujeitos próximos da norma, como os neuróticos.

Para qualquer psicanalista experiente ou aprendiz, isso é uma grande banalidade. Quero, no entanto, destacar dois pontos.

Freud parece ver uma força na pulsão, ou melhor, na união das duas pulsões, que, por seu excesso, prepararia o terreno para manifestações psíquicas patológicas. Quanto à causa desse excesso, ele não explica. Penso, então, que a força deve ser concebida como constitucional ou constitutiva. Ela existe e deve ser levada em conta.

"A rosa não tem um porquê. Ela floresce porque floresce", diz Angelus Sylesius em *O peregrino querubínico*. Mas o excesso também pode ser pensado como relativo à desunião das duas pulsões, a partir do momento em que *não estão mais ligadas*.

O segundo ponto que desejo destacar diz respeito à noção de continuidade. A pressão pulsional é contínua, ou melhor, deveria sê-lo. Todavia, uma das maiores contribuições da Escola de Psicossomática de Paris foi ter chamado a atenção do mundo psicanalítico para as descontinuidades do funcionamento mental. A primeira resposta que vem à mente é relacionar o fracasso da "exigência de representação" com a desunião ou a desintricação das duas pulsões, que alterna sua liga. Quero apenas lembrar que, em *O problema econômico do masoquismo* (1924), Freud faz do masoquismo erógeno primário a garantia da intricação das pulsões.

Se as noções de fonte, objeto e meta foram definidas e caracterizadas em 1905, só mais tarde, em 1915, Freud as reúne na ideia de *pressão* (*drang*), fator econômico quantitativo, para dar uma definição geral da pulsão.

Eu gostaria de destacar aqui o caráter enigmático e paradoxal da aliança entre dois opostos: um fator econômico, a pressão, e um fator não econômico e qualitativo, a "exigência de representação". Essa transformação do quantitativo somático em qualitativo psíquico, exigência de representação que funda o psiquismo, seria, no meu entender, a consequência de um imperativo da complexidade própria do humano.

A pressão é uma propriedade geral das pulsões, sendo até mesmo sua essência. No entanto, Freud relaciona a constância da pressão à exigência de representar. Isso esclarece o título deste artigo: do corpo vem uma exigência de representar, mas a representação tem suas próprias exigências. Onde situar a exigência em termos de tópica? Devemos vê-la como um princípio que transcende as instâncias? Eu tenderia a pensar assim. Para refletir sobre isso, examinarei dois textos essenciais: *O inconsciente* (1915) e *O ego e o id* (1923).

Uma leitura cuidadosa mostra uma mudança crucial de uma tópica à outra. Na primeira, a ênfase está nas representações inconscientes sempre conjugadas com a *pressão*. Já na segunda tópica, o id, reservatório das pulsões, é constituído, por um lado, pelo inconsciente recalcado da primeira tópica e, por outro lado, por um espaço aberto para o corpo que contém apenas forças por vezes contraditórias, sem representações. Aqui vemos a força prevalecer sobre a representação. Isso tem importantes consequências técnicas. Poderíamos ir tão longe a ponto de pensar que, se as análises de pacientes neuróticos visam à transformação de materiais inconscientes em materiais pré-conscientes, os tratamentos que conduzimos com pacientes que apresentam organizações limítrofes e somáticas teriam como objetivo transformar id em inconsciente?

♦

O CONCEITO DE PULSÃO COMO FUNDAMENTO DE UMA TEORIA PSICANALÍTICA SOMATOPSÍQUICA DO HUMANO

Minha escolha do termo somatopsíquico, em vez de psicossomático, baseia-se na direção ascendente que vai do corpo ao psíquico, seguindo um imperativo de complexidade. Embora a psicanálise existisse antes da definição das pulsões, eu diria, contudo, que as noções de excitação e pulsão não entram em uma relação de continuidade. Podemos observar "uma ruptura radical" no pensamento de Freud, um antes e um depois.

Em um artigo já antigo, Claude Smadja (1992) percorreu a construção do conceito de pulsão nos escritos de 1890 a 1905. Na época, Freud compartilhava com Breuer e outros uma concepção psicofísica do aparelho psíquico baseada na noção de excitação, sendo o afeto a sua vertente subjetiva.

Em *Tratamento psíquico (ou anímico)* (1890)[10], artigo em que Freud definiu o tratamento psíquico como "tratamento de distúrbios psíquicos ou físicos por meios que agem sobre a alma", lemos:

> Os afetos, num sentido mais estrito, distinguem-se por um vínculo muito especial com os processos físicos, mas, a rigor, todos os estados anímicos, inclusive aqueles que estamos acostumados a considerar como processos de pensamento são afetivos numa certa medida, e nenhum deles carece de manifestações físicas e da capacidade de modificar os processos corporais. Mesmo enquanto se está tranquilamente pensando por meio de representações, correspondem ao conteúdo dessas representações várias excitações constantes, desviadas para os músculos lisos e estriados [...].

---

10 FREUD, S. Tratamento psíquico (ou anímico). *ESB*, v. VII, p. 176.

Parece-me que podemos ler nessa sentença, embora extraída de um artigo precoce, que a elaboração do conceito somatopsíquico de pulsão é inescapável. Ela já está em andamento.

Em 1893, Freud escreveu a comunicação preliminar do *Projeto para uma psicologia científica,* em 1895, *Estudos sobre a histeria* e, em 1896, *A etiologia da histeria*, texto em que ele demonstra a origem especificamente sexual dos sintomas histéricos.

Parece-me interessante seguir esse caminho que leva Freud a descrever, em pequenas pinceladas, a excitação. Esta se torna "sexual", deixa de ser somática e difusa, adquirindo então uma qualidade de vetor, para finalmente chegar a um modelo de trabalho psíquico e da sua fonte estritamente sexual. Freud define, assim, a *psicossexualidade*. Não nos esqueçamos de que, na época, Freud ainda acreditava na realidade de uma sedução traumática, ao mesmo tempo em que sua concepção do recalque lhe é imposta pelos tratamentos de pacientes histéricos. O recalque abrange, então, todo o inconsciente.

Em setembro de 1897, ele escreveu a Fliess sua famosa carta:

> [...] não acredito mais na minha *Neurótica* [...], agora não sei onde estou porque não adquiri nenhuma compreensão teórica do recalque nem do jogo das forças que nele se manifestam[11].

É a partir dali que Freud começou a conceber a sexualidade infantil e, portanto, a pulsão como um processo psíquico dinâmico, organizado e vetorizado, ancorado no corpo e desesperadamente em busca de objeto.

♦

---

11 Carta 69 a Fliess. *ESB*, v. I, p. 156-157.

O ANO DE 1915: "PRELIMINARES A UMA METAPSICOLOGIA"
Em março de 1915, Freud dedicou-se à redação de uma série de artigos, sobre os quais ele escreve em uma nota que "se destinam a esclarecer e aprofundar as hipóteses teóricas sobre as quais um sistema psicanalítico poderia ser fundado". A coletânea deveria conter doze capítulos, mas, em maio, terminou cinco, e os outros sete foram escritos e depois destruídos. Esses cinco artigos compõem o volume que chamamos de *Artigos sobre metapsicologia*: "Os instintos e suas vicissitudes", "Repressão" [Recalque], "O inconsciente", "Suplemento metapsicológico à teoria dos sonhos", "Luto e melancolia".

Todos esses textos são essenciais, e é importante assinalar que foram escritos um atrás do outro. Considero que toda a abordagem da Escola de Psicossomática de Paris, a mesma que adotamos ainda hoje, já estava em germe na construção freudiana do conceito de pulsão. Vou me deter aqui nos artigos *Os instintos e suas vicissitudes* e *O inconsciente*.

Depois de ter dito que o conceito de pulsão era fundamental, Freud tentou dar a ele um conteúdo, abordando-o de várias maneiras. A começar pela fisiologia. Qual é a relação entre pulsão e excitação?

A pulsão não é uma excitação psíquica, não é uma excitação fisiológica que atua sobre o psiquismo como uma luz que atinge o olho, porque só pode vir de dentro do organismo e nunca age como uma força de impacto momentâneo, mas sempre como uma força constante.

Freud imagina um ser vivo que se encontra em um desamparo quase total, que ainda não está orientado no mundo e que recebe estímulos em sua substância nervosa. Sobre o pequeno ser humano, Freud diz:

> Esse organismo muito em breve estará em condições de fazer uma primeira distinção [...]. Por um lado, estará cônscio de estímulos que podem ser evitados pela ação muscular; estes, ele os atribui a um mundo externo. Por outro, também estará cônscio de estí-

mulos contra os quais tal ação não tem qualquer valia e cujo caráter de constante pressão persiste apesar dela; esses estímulos são os sinais de um mundo interno, a prova de necessidades instintuais[12].

Em minha opinião, a pergunta é: essas excitações reconhecidas como internas já seriam "rudimentos de representação"?

A essência da pulsão é definida por sua origem em fontes internas de excitação que se manifestam como uma força constante. Freud pressupõe que sejam "biológicas".

Seu segundo pressuposto, não menos importante: as pulsões forçam o sistema nervoso do ser humano a abandonar sua intenção ideal de manter a excitação afastada. "Podemos, portanto, concluir que os instintos [as pulsões] constituem as verdadeiras forças motrizes por detrás dos progressos que conduziram o sistema nervoso [...] a seu alto nível de desenvolvimento atual"[13]. É por essa frase que Freud introduz a pressuposição da exigência de representação e prediz toda a problemática da sublimação.

Deixo deliberadamente de lado as reflexões filogenéticas que seguem, bem como a menção ao princípio de prazer-desprazer, visto aqui apenas segundo um princípio quantitativo e que Freud teve de revisar em 1924, para admitir, em *O problema econômico do masoquismo,* que também há prazer nas dores da tensão de excitação. Esta revisão do princípio de prazer-desprazer e a introdução do masoquismo erógeno primário são fundamentais, sendo este último a garantia de uma retenção da libido que considero a base de toda mentalização.

Chego à célebre definição do conceito:

> Se agora nos dedicarmos a considerar a vida mental de um ponto de vista biológico, um "instinto" [pulsão] nos aparecerá como sendo um conceito situado

---

12 FREUD, S. Os instintos e suas vicissitudes. *ESB*, v. XIV, p. 71.
13 *Id., ibid.,* p. 72.

na fronteira entre o mental e o somático, como o representante psíquico dos estímulos que se originam dentro do organismo e alcançam a mente, como uma medida da exigência feita à mente no sentido de trabalhar em consequência de sua ligação com o corpo[14].

A exigência, portanto, vem do corpo, que impõe ao psiquismo uma "soma de trabalho" mensurável e, eu acrescentaria, indispensável à sua proteção, logo, à sua sobrevivência. André Green propõe uma bela formulação: "O psiquismo é trabalhado pelo corpo, trabalhada no corpo"[15]. *O corpo exige do psiquismo um labor* (elaboração vem de labor). Green acrescenta:

> Mas esta exigência do corpo não pode ser recebida em estado bruto, deve ser decodificada para que o psiquismo responda à solicitação do corpo, que, por falta de respostas, multiplicará *suas exigências em força e número.*

Essa perspectiva me parece fornecer um esclarecimento um pouco diferente sobre as desorganizações somáticas, que, a partir de então, poderiam ser entendidas como consequências de uma impossibilidade do psiquismo de decodificar, traduzir as exigências do corpo.

Finalmente, as poucas palavras da definição freudiana da pulsão são cruciais e contêm, no fundo, toda a teoria psicanalítica e todo o corpus psicossomático. Para mim, essa definição simples adquire um valor axiomático.

♦

PULSÕES E TEORIAS DAS PULSÕES
Até agora, tenho escrito muitas vezes "pulsão" no singular para tratar a noção como conceito, mas, a partir daqui, fala-

---

14 FREUD, S. Os instintos e suas vicissitudes. *ESB*, v. XIV, p. 72.
15 GREEN, A. *Le discours vivant*. Paris: PUF, 1973, p. 228.

rei das pulsões, no plural, uma vez que sempre são duas pulsões. O dualismo pulsional entra em ação desde as origens da sexualidade, a pulsão sexual se desvincula das funções de autoconservação nas quais inicialmente se apoiava. A primeira oposição pulsional — ou primeira teoria das pulsões — é desenvolvida por Freud para explicar o conflito psíquico nos neuróticos. O eu busca na autoconservação a energia necessária para se defender dos perigos da sexualidade.

Freud diz que o primeiro dualismo pulsional lhe permite entender que, na raiz de toda patologia neurótica, existe um conflito entre as reivindicações pulsionais da sexualidade e aquelas do eu. Ele observa, no entanto, que talvez outras patologias mais graves o levem a revisar, um dia, essa primeira formulação. Assim, ele já havia previsto, em 1915, a mudança de 1920, que, aliás, no meu entender, se tornou inevitável a partir da introdução do narcisismo na teoria dos impulsos. A reflexão sobre o narcisismo contém tanto o narcisismo de vida quanto a destrutividade. Além disso, foi também em 1914 que o termo *compulsão à repetição* foi mencionado pela primeira vez em *Recordar, repetir e elaborar*.

Quero destacar aqui que a intricação das pulsões se dá no e pelo objeto e que, além disso, *nenhum fenômeno psíquico é resultante de uma única pulsão*.

♦

PULSÕES E TÓPICAS

Os instintos e suas vicissitudes, *Repressão* [Recalque] e *O inconsciente* foram escritos de 15 de março a 23 de abril. A preocupação de Freud vinha da necessidade de dar um conteúdo e uma definição à pulsão. O destino pulsional do recalque seguia seu curso natural. Freud identificou o recalque através de seus efeitos nos tratamentos analíticos. Tentará então deduzir uma teoria. A essência do recalque consiste em afastar e manter à distância da consciência. O recalque é correlativo ao princípio de prazer-desprazer, ao qual deve sua existência. É recalcado aquilo que causa desprazer. Recalque e inconsciente são, portanto, correlativos. Para poder aprofundar seu conhecimento do recalque, Freud precisou aprender mais sobre a estrutura da sucessão das instâncias psíquicas e sobre a diferenciação entre consciente e inconsciente[16].

Vou retomar aqui cuidadosamente a descrição freudiana do inconsciente da primeira tópica. Este texto nos interessa particularmente por vários motivos.

Trata-se de um texto fundamental em si mesmo, mas, acima de tudo, porque muitos casos "difíceis", não neuróticos, limítrofes e somáticos são descritos em pacientes nos quais a livre associação não existe, tornando problemático o acesso a um material inconsciente. Costuma-se dizer que tais pacientes apresentam falhas no funcionamento do pré-consciente. Eu gostaria de tentar entender melhor uma assertiva do texto de 1915: o recalcado não cobre todo o inconsciente, mas faz parte dele[17].

A essência do recalque é impedir que as representações que representam a pulsão se tornem conscientes, mas seu propósito específico é suprimir o desenvolvimento do *afeto*, o trabalho do recalque permanece inacabado até que esse objetivo específico seja alcançado. O afeto não pode ser recalcado, mas sua supressão[18] é o objetivo do recalque. A hipótese da separação dos sistemas inconsciente e pré-consciente implica que uma representação pode estar simultaneamente presente em ambos: a representação consciente engloba a representação de coisa mais a representação de palavra correspondente, enquanto a representação inconsciente é apenas a representação de coisa. Ela pode circular de um sistema ao outro, explica Freud[19].

16 FREUD, S. Repressão. *ESB*, v. XIV.
17 FREUD, S. O inconsciente. *ESB*, v. XIV.
18 No original, *répression*, termo empregado em francês para o termo alemão *Unterdrückung*. A partir das traduções anglo-saxônicas, costuma-se traduzir o termo por *supressão*.
19 FREUD, S. O inconsciente. *ESB*, v. XIV, p. 106-107. Freud observa que "a hipótese funcional anulou facilmente a hipótese tópica".

A pulsão, por sua vez, só pode ser representada pela representação que se vincula a ela, ou então aparece sob forma de afeto. No início, devemos imaginar um par indissociável feito do representante psíquico da pulsão, proveniente do corpo, e da representação (de objeto), vinda da percepção. A partir daí abrem-se dois destinos: um segue em direção ao representante-representação de coisa e de palavra; e o outro, em direção ao representante-afeto e ao afeto diferenciado. A questão do afeto é complexa, e é em suas formas entre o inconsciente e o pré-consciente que desejo me deter.

Se a representação recalcada permanece no inconsciente como uma formação real, como escreve Freud, o afeto inconsciente, por sua vez, é apenas um rudimento que não conseguiu se desenvolver. Logo, não existem afetos inconscientes propriamente ditos, mas formações carregadas de energia que tentam atravessar a barreira do pré-consciente.

Freud compara, aliás, o afeto com a motilidade: ambos são regidos pelo consciente e têm valor de descarga. Freud explica que a afetividade se manifesta essencialmente em uma descarga motora (secretora, vaso-reguladora) que provoca uma alteração interna ao próprio corpo, sem relação com o mundo externo, enquanto a motilidade se manifesta em ações destinadas a alterar o mundo externo[20]. Em minha opinião, isso dá uma indicação quanto à importância da presença efetiva do corpo dos dois protagonistas no tratamento.

Assim, afetos pré-conscientes do psicanalista podem ser percebidos pelo paciente, e neles pode ser encontrado "um rudimento" inconsciente que tenta atravessar. Este só pode tomar forma no processo de transferência/contratransferência, em que o pré-consciente do analista lhe confere uma qualidade de afeto.

Além disso, no capítulo VI de *O inconsciente*, Freud estuda a "comunicação entre os dois sistemas". Toda passagem de um sistema ao outro implica uma mudança no investimento. No entanto, isso não é suficiente para explicar

---

20 *Id., ibid.*

a constância do recalque originário. É preciso considerar a hipótese de um processo que o faz perdurar. Na verdade, o pré-consciente se protege da pressão das representações (de coisa) por um contrainvestimento alimentado pela energia extraída das representações de palavra.

Dizer "falhas do pré-consciente" segue sendo meramente descritivo. Parece-me mais interessante imaginar em nossos pacientes um *pré-consciente esvaziado de sua força por um contrainvestimento tão drástico que paralisa esse sistema e isola o outro. Contrainvestimento que imagino ser da ordem de um vasto mecanismo de supressão.* Não esqueçamos que o inconsciente está naturalmente vivo, comunica-se com os outros sistemas e permanece sujeito às influências do pré--consciente e da percepção externa.

Quanto à percepção, Freud não diz que é inconsciente. Na realidade, ele nunca fez uma teoria da percepção inconsciente. No entanto, esta embasa toda a teoria do sonho (sem ela, o capítulo VII se torna incompreensível). Freud comenta mais adiante: "[...] é notável que o inconsciente de um homem possa reagir ao inconsciente de outro homem esquivando o consciente [...]"[21]. Pergunta-se depois como toda a atividade pré-consciente pode ser excluída desse "fenômeno clínico incontestável".

Somente oito anos depois, em *O ego e o id,* são fornecidas respostas incrivelmente complexas e interessantes, que vou resumir aqui de forma simplificada, embora mereçam, por suas implicações cruciais, um estudo exclusivo.

A segunda tópica nos dá a visão antropomórfica e psicodramática de um eu não delimitado que se tornou qualidade psíquica e que também é uma instância recalcadora, cujas operações defensivas são em grande parte inconscientes. Ele luta com um id, caos, caldeirão cheio de uma energia proveniente das pulsões, sem organização nem vontade geral, *aberto em sua extremidade somática*[22]. O sujeito é um

---

21 FREUD, S. O inconsciente. *ESB*, v. XIV, p. 115.
22 FREUD, S. Novas conferências introdutórias sobre psicanálise. Conferência XXXI. *ESB*, v. XXII, p. 50.

id psíquico desconhecido e inconsciente na superfície do qual se constitui um eu que é a parte dele modificada pelas influências do mundo externo, isto é, pelas percepções sensoriais vindas de fora.

Muito diferente da primeira tópica, a segunda passa do qualitativo para o estrutural e privilegia a força, as moções pulsionais, em detrimento dos conteúdos representacionais. Isso parece significar uma mudança correlativa à introdução da segunda teoria das pulsões, pensada para explicar uma destrutividade até então ignorada. Eis a diferença essencial entre o inconsciente e o id: enquanto o inconsciente da primeira tópica permanece no registro do prazer, o id é habitado por *moções pulsionais contraditórias, entre as quais a destruição (= caos)*. Aqui surge a questão da representação. Estaria incluída na moção pulsional? Parece-me que esta última contém, de fato, a representação de coisa ou traço mnésico carregado de energia. A energia vem do corpo, mas a representação vem da percepção. Deve haver, portanto, o encontro e a ligação desses dois elementos. Porém, nem mesmo essa resposta resolve a ambiguidade fundamental da origem da representação.

Se a exigência vem do corpo que a impõe ao psiquismo, como eu tenderia a pensar na minha perspectiva psicossomática, seria a pressão pulsional que, em sua busca, gera a representação do objeto. A origem seria, portanto, um imperativo econômico. Mas onde ocorre, então, o salto qualitativo? No capítulo V de *O discurso vivo*[23], sobre o afeto e as duas tópicas, André Green coloca muito claramente a alternativa: origem econômica ou "origem simbólica". Cito-o:

> A origem das representações deveria ser buscada em uma ordem simbólica, como equivalentes endopsíquicos, percepções externas, fantasmas de percepções, isto é, traços de fantasias. Freud claramente não escolhe nenhuma dessas duas concepções.

---

23 GREEN, A. *Le discours vivant*. Paris: PUF, 1973, p. 229. [Em português: traduzido e publicado pela editora Francisco Alves em 1982].

Parece-me que devemos considerar uma mescla que eu formularia nos seguintes termos: origem econômica e busca na ordem simbólica. Pode-se imaginar uma série de operações especulativas de "decodificação ou tradução", que vão do mais orgânico ao mais psíquico, sendo o mais psíquico a representação de palavra.

Relaciono isso com o que Pierre Marty chamou de "qualidade da mentalização". Essa qualidade deve ser apreciada de acordo com três eixos: sua espessura, sua fluidez e sua permanência.

A mudança de tópica, em 1923, suscita então, no que diz respeito à representação e, consequentemente, às "exigências da representação", uma questão crucial: assistimos ao declínio do conceito de representação em proveito da noção de moção pulsional. Ora, essa guinada para o econômico implica *uma promoção do afeto que é nova no pensamento de Freud*.

Essa modificação da ênfase que se desloca da representação para o afeto é considerável e suas implicações clínicas são imensas. Com certos pacientes, entre os quais os pacientes somáticos, mas não somente com estes, todo o trabalho analítico deve se concentrar no acesso aos afetos e em sua metabolização.

♦

AFETOS E ANGÚSTIA

Nas análises das psiconeuroses, o fio condutor que nos dá acesso ao material inconsciente é o da associação livre. No trabalho analítico com pacientes não neuróticos, neuroses atuais, casos-limite e pacientes somáticos, é comum encontrar uma "não associatividade". O discurso não é "vivo" ou deixou de sê-lo, o funcionamento psíquico pode se tornar operatório, e os afetos estão aparentemente ausentes. Há uma ausência de elaboração da energia psíquica, que se manifesta mais por atos ou, como acreditamos, pelo soma.

Não detectamos resistências, derivados do recalcado nem formações de compromisso, como se não houvesse conflito entre forças psíquicas opostas. Muitas vezes, o único fio condutor é a angústia, afeto de angústia, como Freud o chama. Afeto de desprazer, a angústia é uma fuga da libido, da qual é tanto uma saída quanto uma alteração. Não posso adentrar aqui na questão complexa das relações da angústia com as instâncias, mas devo dizer simplesmente que o lugar da angústia, como o do afeto, é o pré-consciente e, mais tarde, *a priori*, o eu. Um rudimento de afeto inconsciente que tenta atravessar pode parecer assim transformado em angústia. O trabalho do tratamento analítico e o jogo transferência-contratransferência podem qualificá-lo e lhe dar um status de afeto real.

Apresento a seguir duas breves vinhetas clínicas que parecem ilustrar esse tipo de trabalho.

Um paciente gravemente hipertenso, com um funcionamento operatório nítido e típico, costumava me contar fatos e acontecimentos da semana em ordem cronológica. Nunca apareceram afetos nem angústia em seu discurso. Certa manhã, ele se senta, olha para mim e fica em silêncio. Contorce-se como uma criança aterrorizada. Pergunto-lhe o que está acontecendo: "Estou com medo", diz ele. Pergunto: "Medo, aqui, agora? Então você está com medo de mim?". O paciente responde: "Sim, sinto que você não é a mesma, está brava". Naquela manhã, eu havia despertado de um pesadelo do qual só uma raiva intensa me tirou. Foi uma raiva intensa, mal contida e mal elucidada ao despertar, mas deixada de lado. Foi só a partir daí que surgiram lembranças do terror do paciente em sua infância, exposto a uma mãe psicótica e sádica.

Outra vinheta clínica. Uma mulher jovem de quarenta anos sofre de uma asma severa que a impede de trabalhar. Ela é solteira e não tem filhos. Sua organização psíquica é tipicamente *borderline*, mas com longos momentos de funcionamento muito operatório.

Durante meses, ela se aferra ao meu olhar e faz descrições factuais de sua vida ou discursos raivosos contra o tempo, o governo, a previdência social, os médicos.

Um dia, depois de ter se queixado do seu alergista, da secretária, do meu silêncio, a paciente começou a descrever demoradamente uma dor violenta entre as costelas que havia iniciado no fim de semana. Foi diagnosticada a fissura de uma costela causada por seus ataques de tosse e altas doses de corticoides.

Penso então em uma amiga querida que morreu de embolia. Ela não havia buscado atendimento médico para essa dor, pois era médica e achava que se tratava de uma fratura de costela. Sou invadida por uma tristeza intensa. Alguns segundos depois, a paciente se agita, respira ruidosamente e inicia uma crise de asma. Ela se levanta como se fosse ir embora e grita: "Veja, a culpa é sua... Você me deixou de lado".

Peço a ela que se sente e falo demoradamente.

Digo-lhe que está certa, que eu pensei em outra pessoa que ela me fez lembrar, mas que precisamos questionar juntas sobre a sua intolerância a não dominar totalmente o pensamento do outro...

Nesse momento, a paciente já respira melhor, e proponho então uma construção, dizendo-lhe que, provavelmente, ela me faz vivenciar uma invasão e um controle do pensamento dos quais foi vítima num passado distante... Ela chora pela primeira vez.

A partir da introdução do terceiro e da história, o trabalho analítico pôde ser iniciado.

Em ambos os casos, trata-se de pacientes cujo discurso é atual e factual. Tanto num como no outro, há um momento raro em que surge um afeto de angústia. Esses momentos foram férteis nesses dois tratamentos, mas as condições em que ocorrem merecem um questionamento.

♦

COMPULSÃO À REPETIÇÃO E COMPULSÃO À TRANSFERÊNCIA

Nestes dois breves exemplos, o afeto de angústia pôde ser qualificado e convertido em objeto de construção ou de interpretação graças ao trabalho de transferência-contratransferência. Neste caso, trata-se de uma contratransferência estendida ao funcionamento mental do psicanalista em sessão, conforme definido por André Green. Mas há transferência, mesmo que não seja uma transferência clássica interpretável como neurose de transferência.

Alguns de nossos pacientes somáticos que consultam no Instituto de Psicossomática vêm "por prescrição médica". Eles afirmam que não estão interessados no "psíquico" ou na introspecção, embora continuem vindo, na maioria das vezes, até mesmo durante anos. Durante muito tempo, essa submissão à regra me pareceu muito enigmática. A resposta clássica de que tais pacientes continuam o tratamento porque, para eles, seria "aconflitual" nunca me convenceu.

Acredito que eles vêm e voltam porque *existe uma "compulsão à transferência" dentro do psiquismo humano*. Crianças pequenas se apaixonam por uma boneca, um caminhão, mas essas já são formas de transferência. A transferência clássica seria a forma mais evoluída, mas inclui a transferência para a linguagem e em linguagem, bem como a primeira forma de transferência: do somático ao psíquico. *A exigência de representação da pulsão é uma obrigação de transferir do somático para o psíquico.*

Freud elaborou duas teorias sucessivas da transferência. A primeira se estende de 1895, com *Estudos sobre a histeria*, a 1920, em *Além do princípio de prazer*. A segunda teoria abrange o período de 1920 até o final de sua obra. A primeira tem sido frequentemente denominada "teoria libidinal da transferência", termo que parece um pouco ultrapassado, mas que Freud explicou claramente, em 1912, em *A dinâmica da transferência*. O motor da transferência é a necessidade constantemente renovada de satisfações instintivas, isso no registro do princípio de prazer-desprazer.

Do meu ponto de vista, a segunda já está em germe desde 1914, quando Freud designa a compulsão à repetição, mas esta só toma forma depois de 1920. Freud vê na transferência uma tendência fundamental à repetição que estaria "além do princípio de prazer". No capítulo dedicado à transferência, Maurice Bouvet[24] escreve:

> Como a situação traumática, ou a experiência responsável pelo complexo, gerou uma tensão insuportável, não pode ser pela busca do prazer que o sujeito transfere, mas de acordo com uma tendência inata à repetição.

Essas duas concepções da transferência não se contradizem e podem coexistir, mas se impuseram a partir de diferentes clínicas, uma vez que foram os fracassos clínicos que levaram Freud a repensar a oposição pulsional, a tópica, a angústia, o masoquismo. Há, no entanto, uma convicção sobre a qual Freud nunca voltou atrás, desde 1895 até 1938: fenômeno "estranho", a transferência é o motor mais poderoso do tratamento, a parte decisiva do trabalho depende dela. Esse fenômeno impressionante, manifestação do inconsciente e do id, também é a única ferramenta para acessá-lo.

Alguém pode se perguntar — alguns o fizeram — por que Freud nunca discutiu essa ideia e por que nunca a questionou. Minha resposta concisa, que talvez exija certas nuanças, é a seguinte:

• Primeiro período

Toda a prática clínica e as elaborações teóricas de Freud quanto à transferência têm como referência ou matriz as psiconeuroses de defesa, que ele também chamou de "neuroses de transferência", cujo modelo principal é a histeria. O trabalho da análise visa essencialmente ao acesso a ma-

---

24 BOUVET, M. *La cure psychanalytique classique*. Paris: PUF, 2007, p. 227.

teriais latentes, por meio de mecanismos como o deslocamento e a condensação. Estamos no campo da representação e sob os auspícios do princípio de prazer.

A transferência, o processo pelo qual as moções pulsionais e os desejos inconscientes se atualizam no objeto, é "clássica". Trata-se de deslocar o afeto de uma representação para outra, depois de um objeto para outro. Manifestações transferenciais são equivalentes simbólicos do desejo e das fantasias inconscientes. O modelo ideal seria: as transferências se organizam, a neurose clínica se torna neurose de transferência, o que leva à elucidação da neurose infantil.

• Segundo período
Freud se depara com um trabalho clínico em que reina o narcisismo negativo, a destrutividade, o ato e a descarga; a transferência já não é mais "libidinal" e não está sob a égide do princípio de prazer-desprazer, mas sob a égide da pura compulsão à repetição. Qual é então a sua textura? Trata-se de uma compulsão, de uma apetência pelo objeto que condensa uma tendência à inércia e mecanismos reguladores que visam a aliviar as cargas instintivas por fracionamento. Esse tipo de transferência *funciona, no meu entender, como os sonhos traumáticos*.

Pergunto-me se não devemos examiná-la e considerá-la em vários níveis ou camadas: transferência do somático para o psíquico, transferência em linguagem e depois para a linguagem, para que finalmente possa surgir uma transferência com deslocamentos de um objeto para outro que atualizará o histórico, permitindo assim a regressão.

Ora, o afeto, representante pulsional por excelência, é o único acesso ao id, mas, acima de tudo, é *o meio de ligação dessas camadas da transferência*.

Em tratamento comigo desde que sofreu dois acidentes vasculares cerebrais, uma paciente confessa, depois de três anos, que me escondia, assim como também escondia de seus médicos, suas taquicardias paroxísticas frequentes. Manifesto minha surpresa e minha angústia misturada com raiva. Ela explica então que me contar isso significaria perdê-lo, porque, posto em palavras, ela compartilharia uma vivência corporal que a fazia se sentir viva. Foi apenas num segundo momento, e *après-coup*, que eu finalmente pude interpretar que falar comigo teria significado me destinar "seus batimentos cardíacos". Dramaticamente decepcionada com o objeto primário, a paciente queria sistematicamente prescindir do outro. Eu diria que ela me encontra e me investe (compulsão à transferência). Essa compulsão à transferência funciona como um sonho traumático, mas muda de textura no momento em que, ao resgatar o material oculto, consigo lhe mostrar que manter seu sintoma somático "não enunciado" era uma defesa. Através deste breve exemplo, quis ilustrar o que chamo de diferentes níveis ou camadas da transferência. O que geralmente chamamos de transferência é a camada mais evoluída, mas esta só é verdadeiramente interpretável se estiver alicerçada nas outras camadas. Isso leva a questões essenciais, particularmente àquela da linguagem em suas articulações com a transferência e a representação.

♦

TRANSFERÊNCIA PARA A LINGUAGEM, LINGUAGEM E TRANSFERÊNCIA

O enquadre e o enunciado da regra fundamental colocam o paciente em uma situação incomum em que nada é permitido além da fala. Este interdito repete metaforicamente o interdito do incesto, como a regra fundamental que o ordena a transferir toda a sua produção psíquica para a fala. O paciente *recebe a ordem de dizer livremente qualquer coisa que lhe vier à mente.* Ele deve imediatamente transferir, isto é, expressar na forma de linguagem, um antigo contencioso libidinal e afetivo que se infiltra no presente e no atual de seu discurso, impregnando-o. Sempre através da linguagem, estão em jogo os desejos de satisfações instintivas, de elucidação, de recomeço, de mudança, aos quais se opõe a compulsão à repetição.

No Simpósio de Aix-en-Provence, em 1983, André Green já havia mencionado "um duplo processo de transferência, transferência do psíquico para a palavra e transferência da palavra para o objeto"[25]. Parece-me que essa decomposição do fenômeno é importante por si só. Era então uma questão de se opor a Lacan. Não entrarei nessa querela nem em aprofundamentos que dizem mais respeito aos linguistas. No entanto, a implicação fundamental dessa decomposição é claramente mostrar a conversão do aparelho psíquico em linguagem, a qual é portadora de infinitas virtualidades metafóricas. É exatamente nessa infinitude que a compulsão à repetição pode ser driblada. Em *Guérir du mal d'aimer*[26], J.-C. Rolland dedica dois capítulos a essas questões: "Du rêve au mot d'esprit, la fabrique de la langue" [Do sonho ao chiste, a fábrica da língua] e "Compulsion de répétition, compulsion de représentation" [Compulsão à repetição, compulsão à representação].

Como desenvolvem Green e Rolland, cada qual a sua maneira, estou convencida de que a linguagem tem sua auto-organização e sua própria genialidade; a primeira visa ao domínio do enunciado; a segunda pode causar o fracasso desse domínio. O tratamento psicanalítico é um "tratamento pelas palavras" (*talking cure*), mas o enquadre e a regra da livre associação apostam ao mesmo tempo na mobilização da palavra e em sua desestabilização. Isso poderia nos levar a uma reflexão sobre o chiste e a poesia, mas o que me interessa aqui é a representação. "A conversão do aparelho psíquico em aparelho de linguagem", como Green escreve[27], implica a *mutação da pulsão em representação, sendo uma de suas exigências*. O psiquismo é pulsões, e o trabalho psíquico incide

---

25 GREEN, A. *Langages*. Paris: Belles Lettres, 1983, p. 132.
26 ROLLAND, J.-C. *Guérir du mal d'aimer*. Paris: Gallimard, 1968.
27 GREEN, A. *Langages*. Paris: Belles Lettres, 1983, p. 132.

sobre a pulsão, enquanto o trabalho da linguagem incide sobre a representação posta em palavras. *Tanto a pulsão como a palavra se destinam sempre a um objeto (e, aliás, são concebíveis apenas graças ao objeto)*, neste caso, o psicanalista.

Nesse mesmo livro, Jean-Claude Rolland fala até mesmo de uma pulsão de representação. Cito-o:

> A nova relação de forças introduzida pela regressão transferencial no conflito psíquico e a renúncia pulsional envolvida necessariamente na empreitada de uma análise levam à hipótese de que a compulsão à repetição, à qual estão submetidos o desejo inconsciente ou a exigência pulsional, é substituída, no tratamento, por *uma compulsão à representação*, em que a primeira vem como que se desenvolver, elaborar-se, satisfazer-se *in effigie*, sublimar-se. As regras da análise [...] encerram o conflito psíquico no fronte do discurso e, assim, no endereçamento ao analista. Se a transferência é de fato o motor do tratamento, ela também é sua cena exclusiva: toda a atividade psíquica do analisando concentra-se momentaneamente nela, como a atividade psíquica do sonhador se concentra no trabalho do sonho[28].

◆

TRANSFERÊNCIA, LINGUAGEM, A REPRESENTAÇÃO E SUAS EXIGÊNCIAS

Pôr em linguagem requer pôr em representações, sendo esta última a atividade fundamental da mente humana e a base da teoria freudiana. A relação da representação com o pensamento é evocada desde 1911, em *Formulações sobre os dois princípios do funcionamento mental*, em que Freud descreve a suspensão da descarga motora como *dependente do processo de pensamento formado a partir da atividade de representação*[29]. Resumindo, falar em "exigências da representação"

---

28 ROLLAND, J.-C. *Guérir du mal d'aimer*. Paris: Gallimard, 1968, p. 235.
29 FREUD, S. Formulações sobre os dois princípios do funcionamento mental. *ESB*, v. XII, p. 136.

implica tentar identificar todas as condições necessárias para sua existência e seu valor funcional e econômico. Na minha visão, existe *a exigência de uma primeira representação, aquela enviada pelo corpo e da qual poderíamos dizer que é um imperativo de tradução dirigido ao psiquismo; este pode, em certos casos, ignorá-lo, e a pulsão, deparando-se então com uma impossibilidade de recebimento no final, intraduzível, degrada-se...* Mas, além disso, *a psique também sofre exigências por parte da linguagem. O trabalho psíquico deve ser convertido, transferido para a linguagem, deve se concentrar na linguagem, mas, nesses casos, a que preço?* Nessas condições, o discurso se transforma *em luto,* é isolado *das representações, torna-se operatório; ele cita, enumera, designa sem figurar.*

Não sendo germanista e interessando-me pouco pelas questões de tradução, prefiro falar em "encenação" e "figurabilidade", como argumentam César e Sara Botella no prefácio da segunda edição de seu livro *La figurabilité psychique*[30].

No curso de tratamentos "clássicos", a livre associação constrói uma regrediência compartilhada pelos dois protagonistas, condição da atenção flutuante. As representações se deslocam livremente para as cadeias associativas, permitindo a figurabilidade. Como escreveu Freud, trata-se de transformar o inconsciente em pré-consciente. Mas o que acontece em outros casos, como nos "casos difíceis" em que não há livre associação, regressão nem representações disponíveis? O que acontece quando somos confrontados com a força e o irrepresentável?

Considero que as únicas ferramentas possíveis são o afeto ou a angústia, aos quais a transferência nos dá acesso, mesmo além do princípio de prazer e da contratransferência, ou pelo menos do que dela é cognoscível, incluindo o que o casal Botella designa como o "trabalho de figurabilidade do psicanalista". Este surge em condições extremas, inesperadamente. É equivalente ao trabalho do sonho,

---

30 BOTELLA, C. E S. *La figurabilité psychique*. Lausanne: Delachaux et Nieslé, 2001.

culminando em uma forma particular de pensamento. A capacidade emergente do analista de estabelecer novos elos na simultaneidade dos campos e nos vários níveis da sessão produzirá uma inteligibilidade quase alucinatória das ligações entre os efeitos perceptíveis do discurso do analisando, a transferência e a contratransferência, mas também com todo o material perceptivo atual que varia da percepção sensorial aos restos diurnos das sessões anteriores. Acredito que esse tipo de trabalho nos escapa justamente por causa da regrediência, mas surge no contexto de um trabalho de contratransferência "ao vivo", forçado a ouvir o inaudível, a construir e a inventar, trabalho este em que o afeto é parte essencial.

♦

IMPLICAÇÕES CLÍNICAS
Minha preocupação ao escrever este artigo foi ir além da divisão artificial entre psicossomática e psicanálise para pensar, em termos de metapsicologia estritamente freudiana, um trabalho clínico em que o processo psicanalítico, mesmo não se estabelecendo desde o início, possa, *deva acontecer*. Como disse Freud, isso só pode ser feito através do objeto, *na e pela transferência*. Creio que os pacientes investem em nós compulsivamente, e, ao mesmo tempo, é por nosso intermédio que o trauma retorna.

Nosso trabalho é, então, deixar-nos levar por essa transferência que desperta nossas próprias feridas. É tentar, mediante a pressão à representação, um trabalho de transformação que volte a urdir rudimentos de afeto = descargas provenientes do inconsciente com reminiscências = traços mnésicos. É preciso esse encontro com uma imagem para qualificar um afeto metabolizável e não disruptivo. A retenção e não a descarga...

Este trabalho é realizado a dois, no enquadre da sessão, em um corpo a corpo que requer o compartilhamento psíquico e a presença física dos dois protagonistas. Nessas análises às quais falta o fio da associação livre, o trabalho analítico é frequentemente favorecido por uma hipersensibilidade dos pacientes. Esse enigma da receptividade do inconsciente de alguns pacientes ao sistema inconsciente—pré-consciente do outro (analista investido) me atormentou durante muito tempo. P. Marty dizia que o inconsciente desses pacientes não emite, mas recebe.

No texto de 1915, Freud explica que o pré-consciente se protege da pressão das representações por um contrainvestimento alimentado pela energia extraída justamente das representações. Nos dois breves exemplos relatados neste artigo, observamos o aparecimento de um afeto de angústia (no primeiro exemplo) e de raiva (no segundo exemplo), em relação com um estado emocional do analista. Trata-se de uma percepção inconsciente neles de um afeto em mim. No entanto, se a representação recalcada permanece no inconsciente como uma formação real, o afeto inconsciente, por sua vez, é apenas um "rudimento" carregado de energia que tenta atravessar a barreira do pré-consciente. Freud chega a comparar o afeto com a motilidade; os dois têm valor de descarga. O primeiro é destinado ao próprio corpo e não está relacionado com o mundo externo. Já a motilidade tem como objetivo agir sobre o mundo. Um pouco mais adiante, Freud estuda "a comunicação entre os dois sistemas". Qualquer passagem de um sistema ao outro envolve uma mudança no investimento. Porém, isso não é suficiente para explicar a constância do recalque originário. Freud propõe então a ideia de que o pré-consciente se protege da pressão das representações graças a um contrainvestimento que retira sua energia das representações. Avento a hipótese de que, em alguns pacientes, esse contrainvestimento é tão drástico que paralisa o pré-consciente e isola o inconsciente. No entanto, esses mesmos pacientes investem o mundo externo e, em minha opinião, investem compulsivamente o outro (analista). No primeiro tempo do intersubjetivo, esse contrainvestimento drástico afeta o interno. Em compensação, é ineficaz para o que vem do objeto investido. Isso poderia explicar a hipersensibilidade e a vulnerabilidade desses pacientes ao sistema inconsciente—pré-consciente do analista, vulnerabilidade esta que se torna, assim, uma ferramenta para a transferência e a ação terapêutica da análise.

♦

PARA INTRODUZIR AS FIGURAS DO MASOQUISMO
Concluirei abordando o papel primordial do objeto. O ser humano vive em busca de sentido e representações. Defendi aqui a ideia de uma "pressão à representação" exercida desde o início pelo objeto primário. Imagino o pequeno ser humano, ainda sem linguagem, pressionado pelo desejo da mãe a olhar o mundo com seus olhos, mas também a imaginar com "os olhos da alma".

Em seu último livro, *Les yeux de l'âme*[31], J.-C. Rolland desenvolve a ideia da imagem como fundamento da vida psíquica, mas também primitivamente ligada à memória da espécie:

> Os homens pertencentes às mais antigas civilizações pintaram afrescos animados e fantásticos nas paredes de cavernas inacessíveis; da mesma forma, devemos acreditar que o *infans*, aquele que ainda não domina a língua, pelas experiências que tece de seu encontro com o mundo externo, sob o efeito dos desejos e da expectativa que seus ascendentes lhe transmitem, organiza um mundo interno, revestindo-o *com suas* figurações, um mundo que permanece por muito tempo tão invisível quanto Lascaux e tão obscuro quanto as fundações de Troia, mesmo após sua exumação.

Sinto-me muito identificada com essa concepção e considero que o segundo tempo só pode acontecer com a inscrição na linguagem. Assim, essa "pressão à representação"

---
[31] ROLLAND, J.-C. *Les yeux de l'âme*. Paris: Gallimard, 2010, p. 145.

será também alimentada por exigências obstinadas vindas de dentro do corpo e dirigidas ao psiquismo.

A questão das origens da representação no despontar da construção do psiquismo no pequeno ser humano que ainda não fala suscita outra questão. Pode-se pensar que ainda não haveria uma distinção entre o que ele percebe do objeto e sua representação. A ausência do objeto é equivalente a uma perda de sua representação, portanto, perda da vida psíquica. O que faz o *infans* repentinamente desinvestido por sua mãe quando ela, ao voltar ser amante, esquece o filho para se voltar para o pai?

Em *La nuit, le jour*[32], D. Braunschweig e M. Fain descreveram a identificação histérica precoce do bebê com sua mãe como o protótipo da inscrição de um traço mnésico inconsciente que inclui as palavras e o trabalho pré-consciente da mãe.

Em palavras mais simples, proponho a ideia de um pequeno ser humano momentaneamente deixado por seu objeto e exposto a um estado de desamparo, identificado, portanto, com a busca erótica de sua mãe. Ele procura..., parte precocemente em busca das representações de sua mãe, em sua mãe.

Ao escrever isso, ocorre-me a ideia da concepção lacaniana da transferência, segundo a qual o paciente está desde o início em busca do trabalho psíquico do analista que, pelo que supõe, lhe concerne.

Procurei me deter em questões essenciais, entre as quais aquela das relações entre pensamento, mentalização e, portanto, representação. Ainda em *La nuit, le jour*[33], os autores escrevem que o traço mnésico governa a formação do inconsciente, mas também a construção do pensamento, graças à suspensão da descarga. No que diz respeito ao pensamento, que consiste, para os autores, em um compromisso vital entre a satisfação da necessidade e a realização aluci-

---

32 BRAUNSCHWEIG, D.; FAIN, M. *La nuit, le jour*. Paris: PUF, 1975.
33 BRAUNSCHWEIG, D.; FAIN, M. *La nuit, le jour*. Paris: PUF, 1975, p. 144-145.

natória do desejo, é enfatizado o papel fundamental do masoquismo erógeno primário. Este último é intricador, pois permite a ligação *in situ* da pulsão de morte pelas pulsões de vida. Além disso, sua própria existência implica um investimento da retenção e da contenção dolorosa, que é a base constitutiva de toda mentalização. O masoquismo erógeno primário é, em minha opinião, um verdadeiro ponto de fixação, o fundamento da constituição da posição passiva e, consequentemente, do pensamento.

Psicanálise contemporânea

9
Além da desintricação

Na última página de seu romance *O amor nos tempos do cólera*[1], Gabriel García Márquez descreve o estupor tingido de pavor de um jovem capitão de navio confrontado ao que lê nos olhos de Florentino Ariza e Fermina Daza, esse casal terrível. Florentino esperou por Fermina Daza "cinquenta e três anos, sete meses, onze dias e onze noites". Finalmente, reencontraram-se. Então, apesar das cheias do rio, para que pudessem navegar a sós infinita e ilimitadamente, Florentino Ariza faz içar no mastro a bandeira amarela do cólera... "O capitão olhou para Fermina Daza e viu em seus cílios os primeiros lampejos de uma geada invernal. Depois olhou para Florentino Ariza, seu domínio invencível, seu amor impávido, e se assustou com a suspeita tardia de que é a vida, mais do que a morte, a que não tem limites".

"Forças de vida" mais inquietantes do que as "forças de morte" que, no entanto, para nós, após uma leitura atenta,

---

Nota: Para não sobrecarregar este texto, citei muito pouco os autores nos quais me inspirei: Michel Fain (textos inéditos escritos especialmente para o estudo por parte de um grupo de trabalho), André Green e Benno Rosenberg. Mesmo quando não são citados, estão por toda parte neste artigo, como a pulsão de morte, suficientemente bem-intricada.

1 GARCÍA MÁRQUEZ, 1987.

para além do frenesi e do esgotamento, não podem senão se encaminhar para a morte. Entretanto, nesse ponto do texto, fica claro que, para os três protagonistas dessa cena magistralmente montada por García Márquez, paradoxalmente, não se trata de morte. A morte é outra coisa. Parece-me que o conceito de pulsão de morte traz o carimbo desse mesmo paradoxo.

Algumas observações teóricas sobre a pulsão de morte

A associação aparentemente antitética dos dois termos, morte e pulsão, pode ter contribuído para manter uma ambiguidade que, provavelmente, não apenas favoreceu uma controvérsia apaixonada, mas também deu a ela a qualidade singular, na história das ideias psicanalíticas, de ser um "debate travado em torno de crenças"[2]. A famosa afirmação de Freud de que é obrigado a crer na pulsão de morte parece pesar muito para os exegetas.

O artigo de 1920 introduz o conceito de pulsão de morte e, em consequência, a última teoria das pulsões. Inaugura uma concepção mais complexa dos princípios de funcionamento mental segundo um modelo que reafirma a natureza fundamentalmente conflituosa do jogo pulsional, antecedendo por pouco tempo a adoção da segunda tópica.

Se pode ser considerado especulativo, esse texto teórico capital não é filosófico: além dos termos "vida", "morte", "psique", "soma", não é introduzida nenhuma visão dialética da ordem de um dualismo metafísico. A questão que se coloca é a da qualidade pulsional da repetição. A existência da repetição, da persistência da repetição do conflito pulsional leva Freud a postular a tese de uma essência conflituosa originária na origem da atividade psíquica. Em "Pulsion de mort, narcissisme négatif, fonction désobjectalisante"[3], André Green observa os deslizamentos semânticos que se

---

2 Ver o editorial do número da *Revue Française de Sychanalyse*, que tem como título "A pulsão de morte" e onde este artigo foi publicado originariamente.
3 GREEN, André. Narcissisme négatif, fonction désobjectalisante. *La pulsion de mort*. Paris: PUF, 1986.

seguiram à introdução do conceito de pulsão de morte: as pulsões sexuais se tornam pulsão de vida, sendo a "função sexual" um de seus representantes. Remeto-me aqui ao vocabulário. *Além do princípio de prazer*[4], título do texto através do qual acontece esse escândalo que é a pulsão de morte, soa — pelo menos em francês — como um dístico. Pergunto-me se a força evocatória metafórica suscitada pelo encontro das palavras "prazer", "vida" e "morte", amplificadas ainda pelo duplo sentido de *além* (superação e morte), tema clássico na arte e na literatura, não me impediu durante muito tempo de dimensionar o que está em jogo nessa hipótese.

Para mim, o paradoxo já está inscrito nas premissas da questão. Deve-se à justaposição das palavras que se torna oposição. Se a ideia da morte, fora do campo do inconsciente, como afirma Freud, opõe-se à ideia da vida, a pulsão de morte, radicalmente diferente de uma moção consciente para morrer que existe, acredito, em todos nós, não se opõe à pulsão de vida senão na forma de uma contradição interna. A pulsão de morte "muda" só aparece em sua intricação com a pulsão de vida.

A primeira dificuldade conceitual se deve a uma deformação metafórica e a segunda, a uma tentação redutora que consistiria em passar do dualismo a uma visão monista e dialética. No entanto, o dualismo pulsional é uma exigência teórica indispensável para pensar um conflito originário que se situa na fonte de qualquer pensamento. Seria possível conceber o pensamento e o discurso fora do duplo registro da repetição (fundar, imobilizar, sustentar > reconhecer)? Penso que a principal dificuldade está relacionada à própria compreensão da intricação pulsional: processo de ligação daquilo que é ligação em si mesmo e de um potencial antitético cuja finalidade é a destruição de qualquer ligação. Paradoxo incontornável, a meu ver, se não fizermos referência à essência (em seu estrito sentido husserliano) da

---

4   FREUD, Sigmund. Além do princípio de prazer. *Essais de psychanalyse*. Trad. Laplanche et Pontalis. Paris: Payot, 1987 [*ESB*, v. XVIII].

pulsão, isto é, a um conjunto conceitual que inclui o objeto. A pulsão só se define pela sua finalidade objetal[5]. É nesse sentido que a intuição freudiana do dualismo pulsional se revela fundamental: para que uma teoria do desejo seja concebível, é preciso admitir que a moção pulsional em direção ao objeto entra em contradição com o desligamento que cria uma *distância* necessária e indispensável.

Dessa forma se torna concebível o "atrelamento" de duas pulsões antinômicas quanto a suas metas, mas que, no entanto, funcionam de forma indissociável num processo que é o da vida.

A validade de um conceito

Certamente, essas poucas considerações introdutórias estão "comprometidas" com os defensores de um conceito que eu admito não ser evidente. De sua necessidade epistemológica, diria que é a mesma de muitas de nossas construções teóricas, ao mesmo tempo indispensáveis e sempre precárias, no sentido de que nos esclarecem, mas nunca dão conta perfeitamente da essência dos fenômenos descritos.

Se tivesse de responder em poucas linhas para o que nos serve o conceito de pulsão de morte em 1988, eu pensaria, num primeiro momento, que é certamente possível conceber sem ela tanto o *corpus* metapsicológico quanto um modelo de funcionamento psíquico. Freud fez isso antes de 1920, e outros — não uma minoria — negam a utilidade teórica e clínica de um conceito que chegou tardiamente. Eu pensaria de bom grado que nisso reside também seu valor heurístico. Essa "nova especulação" na trama da obra freudiana nos obriga, na esteira de seu criador, a fazer valer os conceitos.

Pessoalmente, eu inverteria a pergunta: em que sentido é mais fecundo não levar em consideração o conceito de pulsão de morte em 1988?

Parece-me relevante mencionar que dois dos grandes

---

5 "Narcissisme négatif, fonction désobjectalisante" (GREEN, 1986).

pensadores⁶ da psicossomática fazem essa escolha. Não me deterei aqui nem na exegese nem no comentário de suas obras, mas esse posicionamento teórico comum — mesmo que os dois autores utilizem argumentos diferentes — merece uma reflexão.

A referência às noções de quantidade e de descarga, a preocupação em não recorrer à pulsão de morte conduzem Michel de M'Uzan a aprimorar constantemente a problemática tópica, a economia e o jogo dinâmico dos movimentos entre libido narcísica e libido objetal. A teoria de Pierre Marty se funda na ideia de desorganização. É preciso notar a coerência metapsicológica desse sistema que leva o autor a utilizar mais a primeira tópica do que a segunda. O próprio conceito de libido, cujas implicações energéticas Pierre Marty reusa, é raramente empregado, e a economia psicossomática que ele propõe integra as noções de "movimentos de vida" e de "movimentos de morte"⁷.

Será que o confronto cotidiano de um psicanalista com a doença letal, no caso de pacientes somáticos, pode dar conta de certa necessidade de repensar a teoria com a ajuda de conceitos mais *desmetaforizados* que aquele de pulsão de morte?

É uma questão que deixarei em aberto. Faço uma simples observação sobre a escolha das palavras: no belo artigo onde estuda as dificuldades objetais ligadas à expansão libidinal do sujeito antes da morte, Michel de M'Uzan fala de "traspasse"⁸. Pessoalmente, a exigência — incrementada ainda mais pela prática psicossomática — de evitar a ambiguidade mencionada acima entre a pulsão de morte (= pulsão de desintricação ou desintricação pulsional), a moção de retorno à inércia (= princípio de constância ou de nirvana) e a morte biológica, o "real" de Lacan ou o "traspasse",

---

6   Pierre Marty e Michel de M'Uzan.
7   MARTY, Pierre. *Les mouvements individuels de vie et de mort*. Paris: Payot, 1976; *L'ordre psychosomatique*. Paris: Payot, 1980.
8   M'UZAN, Michel de. Le travail du trépas. *De l'art de la mort*. Paris: Gallimard, 1977.

levou-me a refletir acerca de um conceito da clínica teoricamente indispensável para mim, mesmo que seja apenas para conceber a própria libido. Em outras palavras, e numa clínica diferente, como imaginar uma economia da excitação abrindo mão da noção de paraexcitação?

O objeto deste artigo era, para mim, interrogar "a pulsão de morte na prática do psicossomatista", mas, no caminho, não pude deixar de me render à evidência: a interrogação continua sendo teórica. Da pulsão, só conhecemos os representantes. Onde estão os representantes da pulsão de morte? Pessoalmente, acredito que eles perpassam nossa clínica diária. Penso, no entanto, que qualquer dado clínico pode ter interpretações diferentes e corretas e que nenhuma interpretação válida ou fecunda pode se constituir em prova absoluta da validade de uma teoria.

Uma única coisa é certa: precisamos desse conceito não só *a posteriori* de uma reflexão, mas também para trabalhar e viver. Cada um de nós escuta os pacientes com uma metapsicologia implícita interior que, mesmo não constituindo sua abordagem clínica, dá sentido a ela. Tentarei aqui apenas apresentar a minha.

A pulsão de morte no dia a dia

Eu a percebo, ou melhor, escuto-a o tempo todo. Não retomarei aquilo que A. Green descreveu tão bem como "trabalho do negativo". A implicação da negação em tudo o que é da ordem do trabalho psíquico parece evidente. Em *A negativa*[9], Freud sublinha o pertencimento da negativa à pulsão de morte. É assim que entendo sua *mudez*: ela está em todo lugar, sendo necessária para garantir a conflitualidade interna, condição da elaboração psíquica; mas, bem intricada, ligada pela pulsão de vida, não se deixa ouvir. Quando escuto uma partitura musical, não ouço os bemóis, mas sei que há bemóis. A proporção do ouro é dominante em todas

---

9 FREUD, Sigmund. La négation. *Résultats, idées, problèmes II*. Trad. Laplanche. Paris: PUF, 1985. [Em português: *ESB*, v. XIX].

as pinturas da Renascença, mas não creio vê-la. A cor amarela faz parte das três cores primárias fundamentais, ela está presente em todos os quadros; mesmo quando ela mesma não aparece, está ali, misturada nas outras tintas, avivando ou atenuando seu brilho.

Da mesma forma, em qualquer psicanálise das mais tradicionais de um paciente neurótico, há momentos nos quais, em pequenas pinceladas, a pulsão de morte se deixa observar menos disfarçada. Refiro-me àqueles instantes de "desintricação pulsional parcial e pontual", provavelmente indispensável, que chamo de *momentos de pausa* ou *em branco*. Podem se traduzir de diferentes formas: "Para que serve isto?"; "Estou exausto"; "Uma péssima sessão"; "Tem que me largar de mão"; "Preciso de tranquilidade", etc.

Num artigo recente, "Pulsion de mort, négation et travail psychique: ou la pulsion de mort mise au service de la défense contre la pulsion de mort"[10], B. Rosenberg estudou a ideia interessante de uma derivação da pulsão de morte: "Pode-se dizer desse desvio da pulsão de morte em benefício do eu e da libido que ele tem um valor existencial para o eu e o aparelho psíquico...". É pela veia desse "desvio" que eu classificaria todas as manifestações da pulsão de morte na sua mínima expressão.

Deixo de lado a aliança inegável da pulsão de morte com a sexualidade em tudo o que é do registro do sadomasoquismo, não sem antes notar a reviravolta que representou a introdução do conceito de pulsão de morte para a compreensão do masoquismo. Cito a frase de *Além do princípio de prazer*: "... poderia ser também um masoquismo primário, o que recusei até agora". Freud se refere aos *Três ensaios sobre a teoria da sexualidade*[11] e a *Os instintos e suas vicissitudes*[12].

Em suas formas extremas, a autodestruição poderia apa-

10 ROSENBERG, Benno. *Pouvoirs du négatif*. Seyssel: Ed. Champ-Vallon, 1988.
11 FREUD, Sigmund. *Trois essais sur la théorie de la sexualité*. Trad. B. Reverlhon. Paris: NRF, 1931. [Em português, *ESB*, v. VII].
12 FREUD, Sigmund. *Métapsychologie*. Trad. Laplanche et Pontalis. Paris: Gallimard, 1968. [Em português, *ESB,* v. XIV].

recer como representante "a rosto descoberto" da pulsão de morte desintricada. Clinicamente, eu diria, com certeza, que, nesse caso, estamos ante um quadro de desintricação pulsional. Mas dos representantes de qual pulsão se trata? A questão me parece complexa. Se a excitação é da ordem da pulsão de vida, onde situar os ataques de raiva explosivos e perigosos, as passagens ao ato suicidas e repetidas, as automutilações dos pacientes psicóticos? Eu não saberia responder. Diria que, desligadas, evoluindo por conta própria, qualquer uma das duas pulsões se encaminha para a destruição.

Parece-me mais da ordem da pulsão de morte tudo o que se opõe silenciosamente à finalidade objetal da pulsão de vida[13]. Penso na série desinvestimento, desmentida, recusa, clivagem do eu. Em relação à recusa, B. Rosenberg, no artigo citado anteriormente, formula a hipótese de que o psicótico só pode suportar a falta, a sensação de vazio deixado pelo objeto recusado, porque ela é "masoquistamente contrainvestida". É aqui que se articula, a meu ver, uma das peculiaridades da clínica psicossomática, pois esse "contrainvestimento masoquista" me parece faltar muitas vezes. Trata-se de uma questão fundamental — um tanto acessória em relação ao assunto que trato aqui — ainda que seja pelo pertencimento, assinalado por Freud em 1924[14], do masoquismo primário erógeno às duas pulsões ligadas e, portanto, à intricação.

Na clínica psicossomática, a insônia precoce do bebê[15] fornece um modelo exemplar das manifestações da pulsão de morte. Supõe-se uma não integração fantasmática na mãe que, numa sucessão de movimentos contraditórios, antitéticos e desligados, procura acalmar no sentido de fazer calar uma excitação que ela provocou. Pode-se imaginar

---

13 "Narcissisme négatif, fonction désobjectalisante" (GREEN, 1986).
14 FREUD, Sigmund. Le problème économique du masochisme. *Psychose, névrose et perversion*. Trad. Laplanche. Paris: PUF, 1973. [Em português, *ESB*, v. XIX].
15 KREISLER, Léon; FAIN, Michel; SOULÉ, Michel. *L'enfant et son corps*. Paris: PUF, 1974.

que a *calma* buscada aqui não deve ser confundida com aquela engendrada pela satisfação do desejo.

Minha perplexidade diante da doença somática grave do adulto e do relato por terceiros de certos suicídios cometidos de forma fria e determinada me levou a propor a hipótese paradoxal, anunciada em meu título, de um além da desintricação. Suficientemente ligada pela pulsão de vida, a pulsão de morte não pode ser ouvida. Há outros momentos nos quais acredito não ouvi-la: instantes muitas vezes passageiros de total desinvestimento nos quais os pacientes nos confrontam com um discurso da ordem do inatingível. Flagro-me, então, buscando desesperadamente uma frase, uma intervenção que possa provocar uma moção de desintricação, com a ideia de que essa mesma moção possa engendrar o reinvestimento que seria a matéria submetida à desintricação.

Darei dois exemplos.

Uma paciente que caracterizarei como apresentando um quadro de psicose fria fez inúmeras tentativas de suicídio que iam se incrementando não em quantidade, mas em gravidade. Com o olhar perdido, ela já não falava mais comigo, pois não tinha nada a dizer. Era levada à sua sessão em ambulância, como um autômato. Após ter se jogado pela janela, volta usando um gesso. Dessa vez, eu rompo o silêncio para lhe perguntar se, antes de cair, ela havia imaginado seu corpo esmagado na rua. Ela conseguiu exprimir o seu ódio ante o meu sadismo e o seu horror diante da representação que lhe impus. Mais tarde, entendemos que ela não havia imaginado nenhuma queda e muito menos seu encontro com o asfalto. Ela não se via, mas, num segundo momento, conseguiu se ver invisível, suspensa no ar, por toda a eternidade.

Um paciente com câncer, submetido a quimioterapias cada vez mais fortes e penosas e a hospitalizações múltiplas, alarmava-me fazia muitos meses pela falta de afeto não disfarçada em seus relatos. Seu discurso era impregnado de idealidade. Antes irascível e irritadiço, passou a se mostrar exemplar com os médicos, doce com as enfermeiras, demonstrando uma gentileza infinita aos olhos de todos. Quando lhe perguntei em nome de quê se obrigava a ser um canceroso modelo (nesse momento, percebi que eu não estava sendo uma analista modelo porque estava furiosa), ele pensou responder "porque quero me curar", mas, na verdade, disse "porque quero morrer". Ambos ouvimos seu lapso que eu retomei na transferência dizendo-lhe que ele preferia, sobretudo, fazer-se de morto aqui (tinha sido um apaixonado pelo *bridge*[16]). Eu tenho menos certeza do valor da minha interpretação do que do valor de seu lapso, talvez induzido por um elemento contratransferencial violento, mas o "eu quero morrer" surgido nesse contexto assinalava, a meu ver, a retomada de uma conflitualidade.

Além da desintricação: o caso de Olga
Atormentada por um luto impossível, uma paciente de psicoterapia me contou pela enésima vez o suicídio, cometido na primeira tentativa, de sua filha de vinte e dois anos. Como eu tentava salientar o ódio contido nessa morte, minha paciente me disse: "Não, a senhora não entende, já lhe falei cem vezes do ódio que senti no passado, eu o reconheci; Céline estava além, além...". As palavras dessa mãe ficaram ressoando no meu ouvido, levando-me então a repensar a história de Olga.

Conheci Olga num contexto um pouco peculiar, quando estava de férias no estrangeiro, mas num país que me era familiar. Um clínico geral da região me pediu que atendesse uma parenta sua, estudante de medicina, recém-casada, que o preocupava por suas insônias persistentes e "transtornos de caráter". Ela e eu conversamos durante quarenta e cinco minutos sem que surgisse a ideia de que, um dia,

---

16 N.T.: No jogo de *bridge*, cada um dos parceiros de uma dupla assume uma função diferente: um deles será o carteador, que comandará as cartas da dupla (as suas e as do parceiro), e o outro, o MORTO, que, em sua primeira oportunidade, colocará suas cartas expostas na mesa, para que todos (inclusive os adversários) as vejam.

ela pudesse fazer um trabalho psicanalítico. Fiquei com a impressão de uma mulher jovem e bonita que, por trás de um sistema defensivo rígido do tipo neurose de caráter, apresentava uma extrema fragilidade. Apenas lhe sugeri que talvez tivesse medo de seus devaneios antes de dormir ou de seus sonhos... Tive notícias dela um ano depois. Olga veio me procurar e me contou pesadelos cujo tema era sempre o mesmo: seu marido a traía. Então, de dia, ela o enchia de perguntas, dedicando-se a averiguações constantes às quais, estranhamente, faltavam a suspeita e a curiosidade. Eu a escutava pensando que havia um traço inquietante em sua maneira de tratar o ciúme encenado por seus sonhos. Olga parecia assediada por suas tramas noturnas sem que, durante o dia, se pudesse elaborar uma verdadeira sintomatologia mental. Alguns meses mais tarde, ela me escreveu. Havia concluído seus estudos e pensava em vir fazer um curso de histologia e embriologia em Paris; pediu autorização para me telefonar. Resumindo, eu diria que a atendi apenas três vezes ao longo de dois anos, pontualmente e de forma irregular, por solicitação dela. Ela se mostrava muito hostil a um tratamento psicoterápico, e a simples menção ao enquadramento lhe era insuportável.

Durante esse mesmo tempo, Olga engravidou, dizendo que se tratava de uma gravidez desejada. Teve um filho. Após as férias de verão, precisou deixar a criança com sua mãe e voltar a Paris com Paul, seu marido, quando este recebeu uma oferta de emprego inesperada em sua região. Tomou a decisão de aceitar e de compartilhar o cuidado do filho com os sogros. Ao me dar todas essas notícias, Olga me pareceu mais magra e tomada por uma leve sobre-excitação que me fez me perguntar se minha paciente não estaria à beira do delírio. Eu estava completamente enganada, e, dois meses depois, contou-me que estava com um linfoma de Hodgkin. Não parecia muito preocupada e, curiosamente, não exigiu a volta do marido. Seis meses mais tarde, teve uma recaída tão grave que o diagnóstico inicial chegou a ser questionado pela hipótese de um linfoma maligno. Na época, ela solicitou sessões mais frequentes, e eu entendi a intensidade de seu ressentimento em relação a Paul. Contou-me que tinha sido "carcomida"[17] durante dois anos pela agonia de um ciúme descrito como uma necessidade de controle constante e que sua gravidez havia sido para ela uma provação ao longo da qual se sentia inchada[18], intumescida, desfigurada. Doente, não podia pedir nem exigir mais nada, estando paralisada pelo ódio. Contou-me que tinha preferido se calar a explodir. Falava dessa raiva como se fosse uma invasão (seu pulmão direito estava justamente "invadido"). Foi me contando sua história por fragmentos. Durante a guerra civil, a mãe de Olga, casada e mãe de sua primeira filha, iniciou uma relação com um membro da Resistência. Por medida de represália às denúncias feitas, o povoado da jovem mãe foi incendiado. Avisada pelos camaradas de seu companheiro, a mulher — que estava grávida — teve de fugir com ele. Foram morar em Tashkent, onde Olga nasceu. Sua infância e o início de sua adolescência transcorreram na URSS. De volta à Grécia, dificuldades decorrentes de seu registro civil, com complicações inextricáveis de datas e sobrenome, fizeram com que tomasse conhecimento das condições de seu nascimento. As imprecisões eram muitas, mas Olga não quis perguntar nada e depois "esqueceu". Na época desse relato, Olga odiava intensamente todo mundo, exceto sua mãe que, segundo ela, sempre cuidou amorosamente da filha, ao ponto de ter escolhido Paul para ela... Nos quatro últimos meses de vida, Olga perdeu sua raiva de repente. Fui ao hospital visitá-la, e ela me disse: "Não tenho mais raiva de ninguém, daí minha tranquilidade". Nesse momento, ela me pareceu *além*.

As relações do ódio com a pulsão de morte me parecem muito complexas. Depois de 1920, Freud relaciona o ódio à pulsão de morte. No ódio, o objeto está presente sendo negado ao mesmo tempo, mas não recusado. O que era re-

---

17 Pode-se pensar no prurido e nos gânglios do linfoma de Hodgkin.
18 *Idem.*

cusado em Olga era o ódio por sua mãe. Recusa imperfeita, uma vez que o ódio invadia o resto do mundo. Hoje eu diria que ela sonhou o delírio de ciúmes que não conseguiu levar a cabo. As averiguações e o controle sobre Paul, objeto de deslocamento, tomaram o lugar desse delírio. Mas o fato de tornar-se mãe e, depois, o afastamento geográfico parecem ter desorganizado, desobjetalizado radicalmente esse equilíbrio muito precário. Apresentei aqui um material bruto, colhido em sessões esparsas, sem que tenha se organizado um processo em relação ao qual eu possa empreender qualquer análise a não ser para ilustrar esse limite extremo que chamei de *além da desintricação*.

Sonho de imortalidade, pesadelo de eternidade

É possível que, além da desintricação, que tentei definir em termos clínicos, esteja o princípio de constância, esse grau zero de excitação em que o princípio de prazer se põe a serviço da pulsão de morte. Não há mais desintricação. É a intricação sem falha, suprema, perdendo sua finalidade e seu sentido: nirvana ou, quem sabe, magma? Insistirei, no entanto, na noção de eternidade, de destruição da ideia de geração em todos os sentidos do termo. A morte não está no inconsciente, que, por definição, é atemporal. O sonho de imortalidade é o de todo mundo. Com frequência, é porque se querem *fora da filiação*, estando, portanto, expostos à imortalidade, que os pacientes morrem. Não expliquei nada aqui em termos de tópicas e estou consciente de ter omitido toda a problemática do supereu em suas relações com a pulsão de morte, bem como toda a questão da paraexcitação. Esboço ou emanação dele? Eu tenderia a pensar que, no jogo dinâmico entre eu e supereu, situa-se o que pode se representar em nós e transformar o sonho de imortalidade em pesadelo de eternidade. Muitos escritores descreveram isso. Citarei dois. Pär Lagerkvist, que, em *A sibila*[19], diz pela voz do narrador:

19 LAGERKVIST, P. *La sybille*. Trad. M. et G. de Mautort. Stock, 1982.

> Nunca tinha refletido até então, mas agora me parecia que começava a pressentir o que era a eternidade. Ela me despojaria de minha vida... A eternidade... Ela não tem nada a ver com a vida, pensei; é o contrário da vida, algo da ordem do ilimitado, do infinito, para o qual o ser vivo só pode lançar olhares apavorados.

Uma breve novela de Borges, *O imortal*[20], conta uma busca de mortalidade. No texto, lemos esta frase:

> Cada ato (e cada pensamento) é o eco de outros que, no passado, o antecederam, sem princípio visível, ou o fiel presságio de outros que no futuro irão repeti-lo até a vertigem. Não há nada que não esteja como perdido entre infatigáveis espelhos.

Pergunto-me em que sonho ou pesadelo estava Olga antes de morrer...

---

20 BORGES, Jorge Luis. *L'Aleph*. Trad. R. Caillois. Paris: Gallimard, 1967.

10
Regressões impossíveis?

Na época do esplendor de Atenas, durante o grande século de Péricles, um médico nascido em Cós foi o primeiro a descrever a saúde — conjunto somatopsíquico — como um estado de equilíbrio.

Não me deterei na revolução que a abordagem de Hipócrates iniciou no pensamento da época. No entanto, uma de suas máximas, confirmada e traduzida pelo especialista Ch. Daremberg[1], merece ser citada aqui, pois é muito apropriada para promover hoje uma reflexão acerca da regressão na psicanálise:

> ...um estado de saúde agravado ao extremo é perigoso, pois não pode permanecer no mesmo ponto e, como não pode permanecer estacionário nem alcançar ainda uma melhora, só lhe resta deteriorar-se. É, pois, por essa razão que há pressa em derrubar a saúde exuberante... Não se deve, contudo, levar a degradação ao extremo, pois isso seria perigoso, mas elevá-la a um grau que a natureza do indivíduo possa resistir.

1 *Hippocrate*. Paris: André Salvaire, 1964.

A resistência a qualquer moção vivida de forma obscura como excessivamente progrediente é muito comum na vida, assim como no tratamento analítico, tanto dentro de uma sessão em que podem ser observadas microrregressões quanto de um dia para o outro. É tão frequente vermos o paciente voltar, no dia seguinte a uma "bela sessão", recuado a posições libidinais anteriores e recorrer a modalidades defensivas já superadas. Talvez convenha observar que regressão, do latim, significa retorno, recuo e, numa segunda acepção, recurso a ou contra algo ou alguém.

A ideia de regressão no sentido lato da palavra confunde-se com e é indissociável de todo olhar etiológico, portanto, historicizante do fato psíquico e do sintoma.

A regressão no tratamento psicanalítico em 1991
Em artigo do número relativamente recente de *Nouvelle Revue de Psychanalyse* intitulado "L'épreuve du temps"[2] [A prova do tempo], Jean-François Daubeck, um colega de Bordeaux, escreve que, se a noção de regressão estivesse na moda na década de 60, ela não interessaria a mais ninguém hoje, a não ser aos psicossomatistas. Ele cita uma conversa entre psicanalistas dos quais muitos combinaram nunca mais mencionar esse conceito.

Deixo a responsabilidade dessa assertiva para o autor, mas certas tiradas espirituosas dão a pensar. Sigo-o, então, em certos aspectos. É verdade que aquilo que não se destaca parece seguir um curso natural. Nessa perspectiva, a regressão seria para o psicanalista o que a ventilação pulmonar é para o corredor de longa distância: somente suas insuficiências chamam a atenção.

Inseparável da transferência e da repetição, constantemente solicitada pelo trabalho psíquico e pela memória, a regressão deixaria de ser — uma vez posta a indicação da análise *standard* — uma preocupação para o psicanalista.

Trata-se, na verdade, de uma reação natural ao enquadre

---

2 *Nouvelle Revue de Psychanalyse*, n. 41, 1990.

psicanalítico induzida por este e aparentemente consentida pelo paciente de forma livre, cujas modalidades peculiares de compromissos regressivos devem ser seguidas, os quais são, aliás, apreendidos em outros termos.

Isso traz a questão das escolas e do enquadre. Creio que uma definição estrita da regressão no tratamento psicanalítico clássico poderia nos ajudar a deslocar a controvérsia atual acerca do número de sessões para um debate mais fecundo em torno da restrição ou da ampliação das indicações de análise.

Eu diria que uma verdadeira regressão libidinal instaurada no âmbito de uma psicanálise de três sessões por semana terá o mesmo desenvolvimento que numa análise de quatro, cinco ou seis sessões semanais. Em compensação, certas "regressões de risco" que são promovidas mas contidas por uma grande frequência de sessões poderiam resvalar para a desorganização num setting de três sessões, que requer uma capacidade de latência e de elaboração da ausência.

Uma concepção da análise de três sessões não se opõe em nada ao estabelecimento eventual de quatro ou cinco sessões, mas deveria ser considerada como critério de analisibilidade. Entendo, de fato, que muitas "regressões" descritas como tais na literatura anglo-saxônica parecem mais comportamentos regressivos, o que é diferente.

A regressão no tratamento deveria ser virtual e não global. Afetando apenas um ou dois sistemas, ela se manifesta sob forma de defesa ou de compromisso e permanece a serviço do eu.

Neste sentido, ela seria metafórica e, à prova do tempo, poderia se confundir, como sugeriu Jean Favreau em Deauville, com a noção mais atual de processo analítico.

Regressão da regressão em Freud

O conceito de regressão parece um ponto de articulação indispensável entre a atemporalidade do inconsciente e a inscrição temporal dos processos secundários. Fundamenta a ideia de viagem no tempo e de mudança.

No entanto, como afirma Freud em 1917, na XXII Conferência, "a regressão é um conceito puramente descritivo" [3]. A regressão não pode ser situada topicamente no aparelho psíquico. Esta frase de Freud foi citada por R. Barande na epígrafe de seu relatório de Deauville, em 1965. O autor via ali o início do abandono por Freud do conceito de regressão tópica. Eu mesma me questionei muito sobre essa frase breve. Por que Freud não confere à regressão um verdadeiro status metapsicológico? Isso vale para 1917, mas em 1900, em *A interpretação de sonhos*, Freud introduz a ideia de regressão como exigência de uma representação tópica do aparelho psíquico, enquanto, em 1905, nos *Três ensaios sobre a teoria da sexualidade*, ele fala do retorno regrediente da libido a satisfações e objetos anteriores, já tendo qualificado as três formas de regressão que definem a regressão tópica e a diferenciam das regressões temporais e formais. No seminário de 2 de março de 1955, Jacques Lacan comenta, a respeito do capítulo VII, que Freud "est aussi embarrassé de la régression qu'un poisson d'une pomme"[4] [expressão idiomática que significa ser indiferente]. Conforme a demonstração de Lacan, Freud foi obrigado a introduzir a regressão tópica a partir da regressão temporal para explicar o caráter alucinatório do processo primário. A partir disso, Lacan faz da regressão uma "noção paradoxal".

Não seguirei o pensamento de Lacan, mas a afirmação de Freud, em 1917, de que a regressão é puramente descritiva me parece expressar certo embaraço de sua parte. De fato, é verdadeira a ideia de que a regressão não pode ser situada topicamente, mas entra em contradição com o que vem a seguir: "...um conceito puramente descritivo". Esse percurso tão regrediente de uma instância à outra não seria

---

[3] FREUD, S. Algumas ideias sobre desenvolvimento e regressão — Etiologia. *ESB*, v. XVI, p. 68.
[4] LACAN, J. *Le séminaire, livre II*. Paris: Seuil, 1978, p. 175.

o *primum movens* do trabalho psíquico e um dos fatores que deveriam permitir definir melhor a essência da regressão, para além da vaga noção de uma excitação que faz uso das vias regredientes?

De minha parte, acredito que a reticência de Freud em 1917 está ligada à sua referência à primeira teoria das pulsões e à primeira tópica. Sente-se então embaraçado em situar e formular a regressão não somente em termos de tópica, mas principalmente em termos de libido e pulsões do eu. É somente a partir de 1920, em *Além do princípio de prazer* e, sobretudo, em *O problema econômico do masoquismo*, que Freud confere pleno sentido à pulsão de morte e à participação fundadora do masoquismo primário na intricação pulsional.

Isso faz do masoquismo erógeno primário um ponto de fixação da libido. A satisfação passiva torna-se, a partir de então, um retorno regrediente ao masoquismo primário. Assim, ao que parece, se Freud ainda busca em 1926 uma explicação metapsicológica para a regressão na desintricação pulsional[5] é porque as regressões e as desorganizações só podem ser definidas mutuamente e diferenciadas a partir da ferramenta conceitual fornecida pelos textos posteriores à guinada de 1920.

A ênfase na contribuição do masoquismo primário para a elaboração das tendências e das satisfações passivas permite dar à noção de fixação uma acepção mais rica e discernir as regressões intrapulsionais daquilo que é da ordem da desintricação das pulsões.

Se assistimos a uma regressão do recurso ao conceito de regressão na obra de Freud é exatamente porque, a partir de 1920, os movimentos regredientes são tomados na perspectiva da pulsão de morte, de modo que a regressão se torna, de certa maneira, fundadora da pulsão. A libido, por sua vez, aparece vetorizada de forma progressiva, por conseguinte, historicizante e conservadora, diferenciando-se cada vez mais do instinto.

5 FREUD, S. Inibições, sintomas e ansiedade. *ESB*, v. XX, 1926.

Desorganizações e regressões impossíveis
Mantendo-nos numa perspectiva estritamente freudiana, tratar-se-ia de regressão sempre, mas esta teria uma dupla valência. De um lado estariam as capacidades regressivas, "disposição estrutural do aparelho psíquico à regressão", conforme a descrição de R. Barande, e, do outro, as regressões da ordem da desintricação, regressões sem limites, viagens intermináveis ou mortais. Então, as desorganizações progressivas — assim chamadas pelos psicossomatistas da Escola de Paris, principalmente por Pierre Marty já desde 1966 — são da ordem da desintricação pulsional. A desorganização progressiva pode ser definida como destruição da organização libidinal. O movimento retrógrado não é interrompido por sistemas regressivos que implicam fixações e pode desencadear um processo de somatização que afeta funções somáticas cada vez mais fundamentais. Pierre Marty vê nesse processo manifestações clínicas ruidosas dos "instintos de morte", cuja definição essencialmente econômica seria uma carga energética contraevolutiva. As desorganizações progressivas são diferentes das "regressões somáticas", sempre limitadas no tempo e plenas de um potencial libidinal reorganizador. Podem ser doenças que se manifestam em crises, não evolutivas, em que o recurso a mecanismos somáticos é uma saída para conflitos clássicos e para antigas facilitações ligadas à história individual.

Desde a contribuição dos psicossomatistas da Escola de Paris, parece mais clara a oposição entre regressões e desorganizações. De minha parte, eu diria que todo movimento regrediente da ordem da desintricação das duas pulsões é uma desorganização, se não for rapidamente freado pelo religamento do masoquismo primário. Em compensação, certos processos de desorganização, mesmo que esta seja brutal e global, circunscritos por fixações (que religam) continuam sendo regressões *ou podem vir a sê-lo no âmbito do tratamento*.

Jean de La Fontaine contou a fábula *O carvalho e o junco*, e Hipócrates advertia seus discípulos a respeito "daqueles que afirmam nunca terem adoecido", mas os mais graves perigos em matéria de regressão residem na recusa ou mesmo na impossibilidade de regressão.

Makiko

Tirei esse nome de uma obra de Mishima. Em *Cavalo selvagem*, título do tomo II de sua última obra (*Mar de fertilidade*), Makiko parece mais uma eminência parda que uma heroína. É uma mulher jovem e bela, filha de um general próximo do círculo imperial. Divorciou-se por recusar-se à submissão exigida das esposas. Volta então para a casa do pai e torna-se inspiradora de um grupo de jovens revoltados e dispostos a cometer o ritual do *seppuku*[6] em vez de aceitar a ordem social. Quero lembrar que o próprio Mishima se suicidou depois de terminar esse afresco sublime que é *Mar de fertilidade*, declarando simplesmente que havia dito tudo.

A paciente que apelidei Makiko me foi encaminhada por um eminente colega psicossomatista, que me informou que ela era japonesa, tinha um câncer de cólon sigmoide e que era difícil ouvi-la. Meu colega atribuía a dificuldade da escuta à voz surda da moça.

Makiko vem ao meu consultório e, já na primeira entrevista, cria-se um hábito estranho que se tornará um ritual entre nós: ela entra e, na soleira da porta, inclina-se levemente, dizendo: "Boa noite, como vai a senhora?". E eu me ouço respondendo imediatamente: "Bem, obrigada. E a senhora?". Depois compreendi a necessidade imediata de lhe responder com uma frase polida tão longa quanto a sua, mais ligada ao ritmo da frase que à escolha das palavras em si.

De fato, assim que ela começa a falar comigo, a entonação do seu discurso me chama a atenção. As palavras são francesas, mas ouço uma melodia japonesa gutural e escandida, realmente difícil de escutar, mesmo que seu francês fosse excelente. Em momentos de atenção flutuante, ouço

---

6 Ritual suicida japonês comumente chamado *hara-kiri*.

sons japoneses e perco o sentido das frases. Observo essa dificuldade contratransferencial que me pareceu esclarecedora, pois Makiko vem me dizer depois que houve momentos em que perdeu "o sentido de tudo" em sua depressão.

Tenho pouco a dizer a respeito do primeiro período dessa psicoterapia, a não ser o fato de que foi difícil. Makiko veio consultar porque aceitou os conselhos do seu oncologista, do psicanalista do seu marido, que recomendou uma psicoterapia com um psicossomatista, e do clínico que trata dela. Mas ela mesma não entendia como palavras poderiam ajudá-la a se curar. Fornecia-me poucas informações, e fui levada a solicitá-la muito, fazendo-lhe propostas de conversa. Makiko tinha quarenta e cinco anos à época, mas poderíamos lhe dar vinte e oito ou trinta e oito. É baixa, miúda, com um rosto liso, uma aparência de adolescente, e usa jeans e camiseta.

Ela me conta uma história que, durante muito tempo, permanece misteriosa e cheia de lacunas para mim. Deixou o Japão abruptamente aos vinte e oito anos para estudar arte na França. Não sabia francês, mas falava inglês. Por que a França? Porque a pintura francesa lhe interessava mais devido à perspectiva... Ela não sabe por que tinha de ir embora do seu país, mas fala a respeito como se tivesse sido uma necessidade interna e poderosa.

Quando lhe pergunto se vinte e oito anos não seria a idade em que uma moça supostamente se casa no Japão, ela se mostra muito interessada, dizendo-me: "Talvez eu não quisesse ser uma mulher japonesa..., eu não tinha pensado nisso...".

Ela vem então para a França e logo conhece o seu marido. Os dois se entenderam imediatamente, apesar da barreira linguística, "sentem a mesma coisa" e se comunicam perfeitamente. Ele está em análise, e Makiko pensa que o marido está em conflito com os próprios pais, mas ela os considera amáveis e acha muito estranho que alguém possa ter raiva de pessoas idosas.

Makiko terminou seus estudos, é pintora, mas está com dificuldade nesse momento e não trabalha. Trabalhava meio turno como vendedora numa loja de departamentos, ganhando um pouco de dinheiro. Diante da minha surpresa, sendo ela uma mulher tão diplomada, ainda por cima trilíngue, Makiko me responde que os japoneses não têm o mesmo senso de valores sociais que nós e que essa profissão não é problema, uma vez que ganha para pagar o seu ateliê.

Digo a mim mesma que esse "trabalho" não envolve nenhuma problemática narcísica para ela. Eis que um dia ela ouve um comentário desagradável, mas inofensivo de um novo chefe de departamento: "Você realmente não é uma boa vendedora". Isso a mergulha num desespero e num desânimo profundos. Demite-se no dia seguinte e cai num estado depressivo incompreensível aos olhos de todos. Em sessão, ela chora, e seu sofrimento é ainda maior por aquilo que sente como incomunicável. Nem mesmo seu marido entendeu. Ela me pergunta: "E a senhora, a senhora me entende?".

Perplexa, digo-lhe: "Penso que é muito difícil para nós compreendermos o que é um código de honra japonês". Emocionada pelas palavras "código de honra", nas quais reconhece alguma coisa, ela me responde que seu pai é um samurai de uma família muito nobre que empobreceu e que ele é agente de seguros.

A partir desse momento, ela começa a falar de sua família de uma maneira que me permite fazer representações. É filha única, sua mãe é coreana de origem camponesa e de uma linhagem de sacerdotes xintoístas. Quando comento algo sobre um possível conflito — Japão e Coreia (os japoneses são odiados pelos coreanos que eles consideram pertencer a uma subcultura), budismo e xintoísmo, samurai e camponeses, etc. — Makiko sempre me responde que isso não acontece no Japão, onde diferentes religiões convivem respeitando-se mutuamente e onde as classes sociais, embora distintas, não sofrem rejeição, desprezo nem rivalidade.

Num primeiro momento, eu a escuto, mas, certo dia, começo a contradizê-la, baseando-me na literatura japonesa, em obras como *O conto de Genji*, ou em Arioshi, autor que Makiko conhece e decide então reler. Temos assim conversas muito interessantes durante as quais ela acaba aceitando a ideia de que existem no Japão, como descreve a literatura, sentimentos e estados anímicos que ela não queria ver.

É nesse contexto que vamos abordar a doença e os sonhos. Ela me contou pouca coisa sobre seu câncer, mostrando-se reticente quanto ao aspecto psíquico de uma afecção somática. Foi operada e está recebendo quimioterapia. Conta-me que foi durante sua depressão — seis meses após sua demissão — que recebeu o diagnóstico... Logo depois, melhorou: "como se o câncer me devolvesse minha dignidade e um sentido". A doença adquiriu um valor de objeto interno, devolvendo-lhe seu código de honra perdido. Ela também comenta outra coisa *en passant*: seu marido (gêmeo/duplo) havia sido hospitalizado por um longo período para uma cirurgia de hérnia de disco, durante os meses em que ela esteve deprimida. Sozinha, sem trabalho, chorando sem parar, ela parou de ir ao ateliê. O que me descreve é um episódio quase melancólico.

Um dia, ao fazer um comentário sobre um livro de Kawabata, *A casa das Belas Adormecidas* — romance em que homens, para sonhar, vão dormir ao lado de belas e jovens moças, mas sem tocar nelas —, Makiko me diz: "A senhora me perguntou se eu sonhava, e respondi que não, mas *antes* eu sonhava muito". Antes significa há muito tempo, bem antes do câncer, ela não sabe mais... Seus sonhos eram muito coloridos.

Chega à sessão seguinte com uma descoberta: "Pensei na sua pergunta..., parei de sonhar quando perdi o japonês".

Explica-me demoradamente que a transcrição de uma imagem onírica num relato é diferente em japonês, porque os caracteres e o modo de escrever são diferentes. Como agora só falava francês, não conseguia narrar seus sonhos, e eles desapareceram. "As palavras não evocam as mesmas imagens, as imagens não evocam as mesmas palavras". Fico impressionada e encantada com esse *insight*, em que ela parece descrever com muita sutileza a regressão formal do sonho. A partir disso, posso abordar com ela tanto a vida onírica quanto a regressão, ou melhor, sua recusa da regressão e da passividade. Ela não queria ser uma mulher japonesa...

Nessa altura do tratamento, Makiko me parece diferente, encontrando prazer em suas sessões, refletindo longamente, vestindo-se de maneira mais feminina e se maquiando. Voltou a pintar e me fala muito de sua busca das formas e das cores. Seus relatos são mais vivos e personificados. No entanto, algo permanece opaco, inspirando-me uma grande precaução em relação a ela. Pergunto-me também por que evoco tanto, sem querer, Mishima, aparentemente tão longe do texto dela.

Nesse ínterim, Makiko, que parece se interessar cada vez mais pelo visual e conta sobre filmes com frequência, lembra-se, numa sessão, da imagem de um sonho de infância que não foi realmente um sonho, mas um devaneio imperioso despertado nela: ela crava suavemente uma faca na barriga e vira a lâmina para cima. Pensei que tínhamos ali um material quase alucinatório da ordem da regressão formal do pensamento, que, sem o freio do trabalho pré-consciente, pode levar à alucinação em indivíduos não psicóticos. A hipercondensação desse "sonho" — penetração, estupro e *seppuku*, que somente os samurais têm o direito de cometer, mas não as mulheres nem os xintoístas — ocupou várias sessões.

Para não me estender, limito-me aqui a comentar dois momentos-chave do processo. As férias de verão se aproximam e Makiko planeja uma curta viagem ao Japão. A respeito disso, ela me pergunta se eu vou ao meu país, dizendo que sempre soube que eu também sou estrangeira. Esta informação me traz um novo esclarecimento sobre observações transferenciais que me fugiram.

Quase no mesmo momento, ela fala de repente de Hiroshima. Fico literalmente estarrecida por saber que essa é a cidade de seu pai e que ela sempre viveu lá. Atordoada, comento que nasceu em 1945, no mesmo ano da bomba atômica. Muito calmamente, Makiko me explica ter nascido na Coreia, para onde sua mãe tinha ido passar um tempo com a própria mãe e foi salva ou protegida pelo nascimento da filha.

Não vou me deter na continuidade desse trabalho. Após a bomba que foi para mim o anúncio "Hiroshima é a cidade do meu pai", os movimentos do tratamento haviam de ser marcados por um retorno maciço dos afetos ligados a terríveis imagens da infância esvaziadas de seu conteúdo emocional. A perspectiva na pintura resulta ser o contrário da destruição pela liquefação no lugar. Makiko me descreve um banco mantido intacto no pátio de sua escola, pedra que se tornou lava.

Um importante trabalho de interligar várias cadeias associativas nos permitiu relacionar a bomba, o câncer no ventre, o choque da primeira menstruação de Makiko, o ritual do *seppuku* reservado ao samurai e o fato de ela nunca ter *pensado* em ter um filho.

A imagem de uma mãe estrangeira e subestimada abriu caminho para a culpabilidade, mas dava sentido à sua recusa de se identificar com uma mulher "japonesa".

Antes de concluir, citarei apenas algumas palavras de Makiko que me fizeram refletir sobre a emergência da transferência: "Consultei um mapa e fiquei contente de ver que Atenas fica no meio do caminho entre a França e o Japão...". Palavras espantosas saídas da boca de uma mulher tão minuciosa. Embora esse cálculo estivesse totalmente errado, suas palavras definiam com exatidão a distância certa que conseguimos encontrar, nesta psicoterapia, entre a Coreia estrangeira, tão próxima, e a França, tão distante.

A menção à equidistância entre Atenas, Paris e Hiroshima me pareceu fazer parte dos "erros pela transferência", marcando, na minha opinião, a instauração de virtualidades regressivas numa organização psíquica em que a recusa de regressão está ligada à inelaboração traumática das tendências e das satisfações passivas. O trabalho em torno da regressão formal do sonho no *après-coup* das sessões parece ter sido central...

Essa reflexão sobre a regressão formal, preciosa no analista e favorecida, para Makiko, por sua sustentação profissional no campo do visual, pôde induzir a abordagem dos dois outros modos de regressão.

O confronto com casos ditos "difíceis", dos quais fazem parte frequentemente pacientes somáticos, leva-nos ao extremo limite da regressão: a recusa da regressão. Porém, se a saúde, portanto, a vida, é um estado de equilíbrio, não há sobrevivência sem regressão potencial. As regressões impossíveis não existem, a menos que suas saídas sejam desorganizações maciças que podem levar à morte.

11
Elaboração, perlaboração, cicatrização

O conceito de elaboração está correlacionado àquele de trabalho psíquico. O termo alemão utilizado por Freud é corriqueiro, banal, veicula tanto a ideia de trabalho quanto a de travessia. A tradução inglesa, *working through*, dá conta de transmitir essa ideia de uma forma perfeita e simples.

A invenção do neologismo *perlaboração* tem o inconveniente de todo neologismo erudito, mas também, a meu ver, o de um uso equivocado do prefixo latino *per*. Poderia ser interessante sublinhar que, longe de evocar a noção de "através de", o *per* latino implica a ideia de uma sobressaturação. Assim, em química, o *per*manganato de potássio e o *per*cloreto de ferro designam sobressaturações desses corpos.

Para sermos estritamente rigorosos, teríamos de deduzir que a perlaboração seria um reforço — uma saturação — da elaboração. Numa carta, Michel Fain me sugeriu a concepção de uma elaboração sobressaturada por aquele "a mais" que é a contratransferência do analista, pois, a despeito de sua essência narcísica, a contratransferência pertence de fato ao paciente.

Essa evolução já existe na história do pensamento freudiano, mas, sobretudo, em alguns autores recentes. Com efeito, o que acontece com os psicanalistas que se deparam com casos não neuróticos nos quais a neurose de transferência não pode se desenvolver? Não existe, nesses casos, uma contratransferência que inclui todo o funcionamento mental do psicanalista? Quais são as dificuldades e os riscos dessas elaborações sobressaturadas pela ampliação da contratransferência à totalidade da atividade psíquica de um psicanalista em seu trabalho?

Ao termo "perlaboração" eu prefiro o de "elaboração", apesar da imprecisão que ele comporta. A elaboração inclui o trabalho dos pensamentos latentes. Semanticamente, a ideia de "lavor" está relacionada à de "lavoura": o fundamento, a terra, o solo fértil das pulsões[1]. A metáfora do trabalho com a terra evoca a entrada em jogo da raiz somática da pulsão.

Um sonho com véu preto

"Sonho que adormeço, tento lutar contra um sono invasivo e perigoso. Sucumbo, e um véu preto cobre minha cabeça. Tenho medo e sinto meu cérebro preso como numa rede; ele será aletargado para sempre. É meu acidente? É a morte? Luto para acordar dentro do sonho; acordo de verdade".

"Estou suando, meu coração bate acelerado; acendo a luz, vou ao banheiro e bebo água... curiosamente, isso me acalma".

"Porque você constata que está viva, física e psiquicamente", digo-lhe eu.

"Ah, esqueci um pedaço do sonho: eu consegui acordar talvez porque um homem desconhecido entrou no quarto e me estendeu a mão, isso foi tranquilizador".

Um homem desconhecido, o contrário de uma mulher conhecida..., e, no entanto, não era inquietante...?

Da minha parte, vi-me envolta numa rede de associações: seu AVC, o medo que isso podia causar. *Le voile noir* [O véu preto] é o título de um livro de Anny Duperey a respeito do

---

[1] Ideia desenvolvida por F. Duparc em *L'élaboration en psychanalyse*, 1998.

qual eu havia falado no dia anterior com outro paciente que sofre de uma amnésia incomum. Um filme grego antigo de Y. Koundouros no qual o assassinato de Agamenon era representado pelo lançamento de uma grande rede preta que o imobilizava enquanto jazia sonolento na sua banheira. Quanto mais ele se debatia, mais as malhas sombrias o enredavam.

Pensei em outro sonho, o primeiro desta mesma paciente, que tinha me parecido uma figuração de seu funcionamento psíquico. Fui capturada pelo significante "assassinato de um aparelho psíquico".

Depois de eu lhe dizer que ela estava viva, a paciente se lembra do fragmento: "um homem desconhecido entrou no quarto e me estendeu a mão, isso foi tranquilizador". Durante sua infância, em pesadelos curtos que a despertavam sempre em sobressalto, o intruso estranho era inquietante.

É por isso que me interesso pela inversão: homem desconhecido e não mulher familiar, nem eu, nem o meu contrário. Uma estranheza inquietante se torna aquilo que acalma, e a familiaridade é estranha. Isso me faz lembrar do filme grego e do olhar assassino de Clitemnestra, que ordena a seu amante Egisto que coloque a rede.

A mãe desta paciente é uma mulher violenta muito morena, negra, que gritava e batia nela. O pai faleceu há muito tempo. Muitas vezes me perguntei sobre a constelação edípica desta jovem mulher que esqueceu tudo de sua infância, exceto que era brava e que, "um dia, perdeu o calor e o frio", nas suas palavras (voltarei a elas durante a exposição do material clínico).

Por enquanto, encontro-me no meio de um turbilhão de ideias e emoções contraditórias com as quais não sei o que fazer. Digo-me que odeio essa mãe que imagino como uma intrusa na mente e no corpo de sua filhinha. Penso em outro sonho no qual apareceu um jogo de palavras entre "assassinada" e "elucidada". Penso que, para mim, ainda hoje, depois de seis anos de trabalho de análise, seu pai permanece sem rosto, pelo pouco que ela me transmite dele.

Sinto-me ofendida com o fato de que, para a minha paciente, o homem desconhecido seja tranquilizador. Será que estou com ciúmes do meu lugar? Mas, sobretudo, tendo a pensá-lo pouco erótico, uma vez que tranquiliza. Desde seus pesadelos de criança, falta realmente a esta mulher a capacidade de ser excitada por um homem, e isso me aflige.

Quando criança, ela queria desesperadamente ser um menino, e esse era o motivo de seus ataques de raiva. Depois, não houve mais nada. Isso me remete à última sessão do mês de julho, antes do recesso de verão. Percebo que ela chora silenciosamente.

O que está acontecendo? "Este acidente vascular, a ideia de ter uma cicatriz no cérebro. Doeu tanto. Justo seis meses após terem terminado as sessões de quimioterapia, foi demais. Não gosto de pensar nisso". Ela conta pela segunda vez o seu acidente vascular, mas o seu relato é muito diferente, pois inclui o afeto.

Ela estava saindo de uma recidiva de câncer de mama aos trinta e dois anos, mastectomia, químio, etc. Foi acordada, então, por uma dor de cabeça avassaladora, "não era uma dor de cabeça, era uma dor inimaginável"; quer se levantar, mas está tonta. É levada ao hospital; o diagnóstico permanece vago, exceto pela confirmação da presença da cicatriz de um sangramento recente. Ela não sabe, não quer pensar nisso, mas é pior do que ter tido dois cânceres[2]...

Ela me pergunta se minhas férias foram boas, pois eu estava parecendo tão cansada em julho... "Cansada ao ponto de eu ter lhe perguntado se você achava que tinha me traumatizado?" Ela ri, mas não se lembra do que estou falando. Lembro-lhe então minha última interpretação de seu sonho anterior às férias. Ela abre sua agenda e lê: "Sim, o sonho no qual você estava...", "mas eu não me lembro dele[3]. É tão

---

2   Penso que, apesar da banalização dos cânceres pelos quais ela foi operada, deve haver ali uma vivência de "perda de vida", muitas vezes relacionada à anestesia, traumaticamente repetida durante o AVC.
3   "Eu não me lembro dele", para ela, quer dizer "eu sei, mas perdi a imagem".

estranho: eu não sei por que gosto de vir, nem o que nós fazemos, e, no entanto...".

O que se elabora nesta sessão e desde a anterior, seis semanas antes? Haveria "perlaboração" como descrita no artigo de 1914? Teria esse conceito sentido nestes casos clínicos extremos nos quais o impacto e a definição da transferência são tão enigmáticos?

A perlaboração ou a elaboração interpretativa continua sendo uma noção relativamente vaga. Trata-se, tradicionalmente, de um trabalho psíquico constante no tratamento, mas mais especificamente ativo em fases da análise nas quais persiste uma resistência, mesmo quando interpretada.

Em *Recordar, repetir e elaborar*[4], Freud dá a entender que a perlaboração constitui uma mola do tratamento comparável à emergência de lembranças recalcadas e à repetição na transferência. Lembro que Freud não articula, propriamente falando, a perlaboração à rememoração, mas lhe atribui uma qualidade à parte, comparando-a ao que era a ab-reação nos tratamentos com hipnose.

A perlaboração tem supostamente por objeto, sobretudo, a análise das resistências. Deveria ser realizada pelo paciente, mas favorecida pelas interpretações do psicanalista.

Nesse breve texto de 1914, que faz parte das recomendações técnicas, Freud diz que *a resistência seminal* à *psicanálise* é a atuação, *a repetição na transferência que substitui a rememoração*[5]. É interessante notar que neste artigo aparece pela primeira vez o termo *compulsão à repetição*, que Freud levará seis anos para definir melhor. Seu aparecimento é anterior a uma passagem em que Freud menciona a dificuldade dos agravamentos dos sintomas no início do tratamento. Chega a descrever a essência da análise como a análise das resistências, sendo estas alimentadas por moções pulsionais recalcadas.

Tudo isso se torna singularmente mais complexo após 1920 e com a segunda tópica. A noção de resistência do eu

---

4   Cf. *ESB*, v. XII.
5   FREUD, S. Recordar, repetir e elaborar. *ESB*, v. XII, p. 93.

não basta para dar conta das dificuldades encontradas na clínica. Haveria — contra toda a lógica, mas como um fato clínico incontestável — resistências do id enigmáticas. Ora, são justamente estas que requerem o trabalho de perlaboração. A transferência, na verdade, é em parte uma resistência porque substitui a rememoração pela repetição atuada, sendo — como resistência — um meio de acesso ao recalcado.

♦

O QUE PASSA A SER INTERPRETAR NESSAS CONDIÇÕES?
Trata-se ainda da resistência?

Além disso, o texto freudiano situa fundamentalmente o trabalho de perlaboração do lado do paciente, favorecido, é claro, pela interpretação. No entanto, é bem verdade que a ideia que temos hoje de um trabalho psíquico compartilhado, elaborado entre dois pré-conscientes durante um momento delimitado pelo enquadre, parece levemente diferente do conceito de perlaboração como definido em 1914.

Melanie Klein se refere à necessidade de perlaboração no analista. Não é especificado se ela se refere ao tempo da sessão ou ao que nós chamaríamos de "elaboração da contratransferência", ou seja, fora da sessão. Pessoalmente, não acho que se trate de uma coisa ou da outra. Isso não significaria negar o impacto — o impacto doloroso muitas vezes — da presença encarnada do paciente na pessoa do psicanalista, portanto, do processamento da informação sensorial e das associações que a esta se referem na construção pré-consciente dos pensamentos?

A meu ver, a experiência clínica com casos não neuróticos, *borderline* e funcionamento operatório modificou amplamente nossa teoria da interpretação. Eu diria, inclusive, que ela diverge da ideia de perlaboração das resistências para voltar a sua acepção histórica, até mesmo literária, do que quer dizer "interpretar": construir, inventar *escutando o inaudível*.

Isso não é novo e passa por uma concepção ampliada da contratransferência que não se limita aos efeitos afetivos — inclusive negativos — da transferência sobre o psicanalista, mas inclui o funcionamento mental deste. Muitos autores têm mostrado isso, cada um a seu modo, há quase cinquenta anos.

Entre eles, citarei principalmente D. Winnicott, W. Bion, A. Green e os psicossomatistas da Escola de Paris. Dessa mudança na psicanálise, eu diria que não se limita a uma extensão do campo clínico, mas implica uma modificação do próprio objeto psicanalítico, que passa a ser o resultado de dois discursos entrecruzados no espaço de uma sessão delimitada pelo enquadre.

Não seria a convergência dessas concepções e seu impacto sobre nossa prática cotidiana de uma análise clássica o que confere um lugar um tanto diferente a nossa ideia atual da interpretação e, portanto, da elaboração interpretativa? Sua formulação — ou a abstenção de interpretar — sempre se baseia na medida da distância entre o que o analista se prepara a comunicar e o que o paciente pode receber disso.

Nessa perspectiva, o analista não desvela apenas um sentido oculto, como mostrou S. Viderman, mas "forma um sentido ausente". Green chamou a atenção, durante muito tempo, para a dimensão do negativo e o impacto do narcisismo. Trata-se de uma maneira de pensar tanto o ato de interpretar quanto as formulações da interpretação — enraizada, acredito, numa relação viva com a teoria freudiana das pulsões.

Mais especificamente, para alguns de nós, importa a última oposição pulsional concebida por Freud para dar lugar ao narcisismo e a uma destrutividade cujo alcance ele talvez não tenha mensurado inicialmente. Os fracassos clínicos o confrontam com a reação terapêutica negativa, o traumático, a psicose. A partir de 1914, a introdução do conceito de narcisismo e a designação de uma "compulsão" a repetir o conduzem ineslutavelmente a imaginar um "além do princípio de prazer".

A segunda oposição pulsional entre uma libido que reúne sexualidade e autoconservação, de um lado, e a pulsão de morte, de outro, tem, para mim, o interesse de conceber a questão em outros termos. A discussão não consiste em saber se a sexualidade se situa do lado da vida ou da morte, mas em *reintroduzir* a oposição no processo de pensar.

♦

HOJE, INTERPRETAR NÃO É CONCEBÍVEL FORA DE UMA TEORIA DO PENSAMENTO
Considero crucial voltar a centrar a questão da morte no cerne do próprio pensamento: "quintessência desmaterializada do viver", como o definiu Hannah Arendt, que apresenta o pensar e o viver como dois fenômenos idênticos, visto que a mortalidade "constitui a infraestrutura da atividade mental"[6].

Sem parafrasear Hannah Arendt, mas a partir de suas formulações brilhantes, não se poderia supor que é o ato de pensar que, ao se constituir, carrega em si a recusa da finitude? Uma formulação verdadeiramente freudiana do pensamento mostra que este se enraíza na pulsão e, portanto, no corpo (erótico e sexuado). Esta explicação atrela então o pensamento a uma finitude sexuada: tanto mais finita quanto é sexuada — cortada, portanto, conforme a etimologia da palavra[7].

A pulsão de morte como eu a concebo não é mais apenas a moção de desligamento definida no *Esboço*, em 1938, mas também aquilo que, do próprio interior do psiquismo, ameaça sem trégua todo trabalho de pensamento. Essa pulsão dita "de morte" não tem nada a ver com a morte, sinal de vida, mas seria, antes, da ordem de um princípio de morte

---

[6] ARENDT, H. *La vie de l'esprit, la pensée*. Paris: PUF, 1993, t. I, p. 203-226; KRISTEVA, J. *Le génie féminin*. Paris: Fayard, 1999.
[7] N.T.: A autora nos lembra aqui que a palavra *sexo* vem do latim *sectus*, que significa corte. Assim, a etimologia da palavra *sexo* corrobora a finitude humana.

psíquica que, sob a forma de pressão desencarnadora, ataca e quer matar o pensamento no próprio cerne dos processos de pensamento.

Como uma larva na fruta ou uma pérola na ostra — metáfora freudiana que situa o germe da neurose atual no centro da toda psiconeurose de defesa —, estaria no cerne do psiquismo a sua própria tendência a destruir o trabalho do pensamento.

A posição depressiva, incluindo o trabalho de luto, e o trabalho da melancolia são portadores de elaboração psíquica. Mas não se deveria supor que no centro de todo movimento depressivo possa existir o germe oculto de um potencial ataque contra o próprio psiquismo e, sobretudo, contra o pensamento?

Exemplos extremos dessa destruição poderiam ser o funcionamento operatório, ou seja, um verdadeiro dispositivo de "discurso antipensamento", e alguns pacientes *borderline*, nos quais a alienação identificatória no objeto primário faz perdurar os traços de um adestramento antipensamento.

♦

PIERRA OU A SONHADORA DO VÉU PRETO
Avaliada como um caso de neurose de comportamento, fazemos um trabalho de análise face a face apaixonante e inabitual, pois tudo vem pela via de sonhos curtos, intensos, com os quais ela sempre se surpreende.

Na primeira sessão, Pierra me diz que "não tem nenhum costume de se fazer perguntas e que nunca se interrogou sobre seus estados de espírito. Sua vida é feita de projetos precisos, de curto prazo, que se chamam ação e exercício. Em geral, não lhe são verdadeiramente impostos, mas sugeridos por seu treinador do momento".

No entanto, nessa maneira de abordar o trabalho psíquico que lhe proponho não há nenhuma reivindicação. Ela não é um desses pacientes que se gabam de não pensar em nada porque não são loucos. Longe disso, surpreende-se com nossa diferença, mas se esforça de bom grado em alimentar a conversa. Não tem relações sexuais nem amigas mulheres e me descreve sua existência como uma ascese que não a privaria de nada, uma vez que ela não sente nenhuma falta. Pierra não se lembra de nenhum sonho, exceto de pesadelos curtos e repetitivos que tinha quando era menina e que a acordavam. A primeira imagem onírica que surgiu, aproximadamente três anos após o início de seu trabalho psicanalítico de face a face, foi a de "uma extensão de água congelada. Não há ninguém, tudo está congelado, mas essa superfície não é fria". Na cadeia associativa, depois que lhe propus ver nisso uma representação de sua vida emocional, petrificada, congelada, ela me fala de seus treze anos, quando, após o início da menstruação, teria "perdido o calor e o frio".

Isso teria sido motivo de brincadeiras familiares. Pierra não se queimava, nunca tremia de frio, não sentia as intempéries. Não se envergonhava nem se orgulhava disso, mas notava essa *pequena diferença* que, em seguida, relacionaria à *perda* de seus ataques de raiva. Nós nos interrogamos juntas; e as próprias palavras da frase "quando eu perdi o calor e o frio", assim como os termos através dos quais ela descreveu a extensão do congelamento desse sonho do estilo "natureza morta", a questionavam o suficiente para que voltasse com frequência a esse sonho. O gelo está relacionado, para ela, a sua vocação de patinadora profissional e a seu fascínio pelos campos de neve.

Ela começa a pintar numa tentativa de fixar a paisagem de seu sonho e o tema das naturezas mortas. A palavra e a coisa a obcecarão até o dia em que ela me conta com emoção e surpresa que *tinha ficado totalmente transtornada ao ver um joão-de-barro morto*. Tomada pela violência de um ataque de soluços descontrolados, ela parece redescobrir as lágrimas que tinha esquecido fazia tanto tempo.

O som do pranto a faz pensar na música, *pois*, diz ela, *ali*: "O branco da neve e do gelo faz ensurdecer tudo". De repente, sou impactada por uma qualidade poética nova na linguagem de Pierra que se metaforiza com sucesso.

Ela mesma se sensibiliza com as analogias sonoras: *"natureza morta* se opõe *a emoção forte, mas rimam"*[8], diz Pierra. Nessa época, ela decide fazer aulas de canto, compra discos e escuta música clássica.

O segundo relato de sonho que a paciente fará coincide com seu período musical: "Ela está no pátio de uma escola, há muita algazarra, como no recreio, mas não há crianças, e ela sabe que algo terrível acaba de acontecer: uma menina pequena foi assassinada. Pierra fica congelada, mas a menina aparece rindo para lhe dizer que se tratava de uma brincadeira: 'Eu não fui assassinada, mas elucidada'".

Elucidar é um verbo cujo sentido ou mesmo existência Pierra afirma desconhecer, e, por isso, foi consultar um dicionário. *Elucidar* vem de *lux* e quer dizer iluminar. Logo em seguida, ela leu a palavra *elucubrar*, isto é, trabalhar à luz de uma lâmpada.

São chamadas *elucubrações* as investigações longas e pacientes realizadas em vigílias. Isso a faz pensar em mim, que trabalho tecendo suas lembranças. "Não quero mais ser morta-assassinada, mas iluminada...". A ideia de uma luz interior a leva à voz, sua voz, que ela passou a cultivar faz pouco tempo. Não estaria à procura de uma musicalidade interna? De uma canção de ninar?

Então, Pierra adoece. A palidez de sua pele, seu cansaço e o seu discurso apagado me põem em alerta. Tem uma pneumonia. Não se dizia, antigamente, em francês, *un chaud et froid* [um quente e frio] para se falar de um resfriado? No entanto, fazia muito tempo que ela não sofria em seu corpo.

"O elevador, diz ela, não funciona bem, e o barulho a impede de sonhar. Os ruídos são excitantes, atravessam a noite em vez de carregá-la". Entendemos juntas que o "tumulto" se opõe e faz parar a *música*, música que não deixa de lembrar a noção de silêncio do *corpo*. Um está do lado de uma

---

8 N.T.: Em francês, *nature morte* rima com *émotion forte*.

excitação vazia, branca, e a outra é imagética e vem acompanhada de figurações e cores.

Com exceção de seus sonhos, anotados num bloco, Pierra se mantém muito silenciosa ou então faz comentários fatuais, mas sua linguagem já não é mais assim.

Essa reapropriação de um discurso "vivo", desenlutado, encarnado por meio de um material estritamente onírico me parece insólito. Como se ela aceitasse pensar em criações que sabe serem suas, mas que lhe vêm sem que tenha de levá-las *totalmente* em conta, nem só para ela mesma.

Na última sessão antes do verão, no entanto, ela me contou um sonho que lhe pareceu estranho pela força de seu aspecto cênico. De fato, ele me parece mais construído:

> Somos três no meu consultório. Ela está sentada no divã, sua mãe, na poltrona, e eu, no meu lugar de sempre. Assim, formamos um triângulo equilátero. Eu tenho um livro grande no colo e anuncio, enquanto o folheio, que iremos retomar todos os seus sonhos desde 1982. Inicio a leitura. Ela luta contra um sono que a vence, acaba se deitando no divã e adormecendo. Sonha então que sua mãe quer acordá-la e que eu me oponho violentamente, dizendo-lhe: "não, a senhora vai voltar a traumatizá-la". A mãe sai, e a paciente continua seu sonho no qual um menino pequeno ferido na perna se senta na beira do divã. Finalmente, ela acorda, e nós estamos a sós. Ainda dentro do sonho, ela se desculpa pela sua falta de educação.

O ano 1982 é o da morte de seu pai. Ela não tem irmãos, e *le petit garçon blessé,* o menino pequeno ferido, me faz pensar em seu desejo de ser um menino, um *garçon manqué*[9], antes de ela ter cessado seus ataques de raiva e "o calor e o frio". Então, perguntei se ela temia por me ter traumatizado com sua vontade louca de ter um órgão sexual de menino.

---

9 N.T.: Em francês, a expressão idiomática *garçon manqué* [menino falho] designa uma menina masculinizada.

Ao procurar entender melhor *a posteriori* minha intervenção, constato que a motivação foi o afeto de culpa expressado por ela no final do sonho. Culpa que imediatamente relaciono a minha associação *garçon blessé, garçon manqué*.

A primeira sessão de setembro, após as férias, é a "do véu preto". Nos dois sonhos, ela luta contra um sono anestesiante, *que a vencia*. O fato de eu ter lhe lembrado de seus desejos de antes da *anestesia* teria provocado ou levantado uma resistência perlaborativa que aparecia no pesadelo do véu preto? O sinal de perlaboração estaria contido no esquecimento de um pedaço do sonho?

♦

CICATRIZAR? ESQUECER? ENCONTRAR?
A história de Pierra me leva a me interrogar sobre a qualidade do esquecimento. Não se trata de repressão[10], mas, antes, de um recalcamento do afeto figurado aqui pela petrificação e pelo sobreinvestimento da palavra "gelo". Não me referiria aqui ao "adestramento antipensamento" que encontramos em outros pacientes, mas a um "ditame que proíbe sentir", que impede a memorização e é metaforizada pela sobrecondensação da ideia de anestesia.

Às vezes, na experiência clínica, encontram-se outros casos ainda mais perturbadores nos quais tudo se apaga exceto a memória do corpo. A repetição se estabelece, então, dramaticamente em atos de carne. Somente o recurso ao conceito de alucinação negativa pode nos ajudar, neste caso, a refletir sobre esses pacientes nos quais nada se imprime. Não seria a alucinação negativa em sua forma extrema, aquela que ataca os pensamentos, suprimindo a per-

---

10 N.T.: Optamos por traduzir *répression* [*Unterdrückung*] por *repressão*, seguindo a psicanálise francesa, mas salientamos que, a partir da tradução anglo-saxônica, diz-se *supressão*. Para *refoulement* [*Verdrängung*], sempre traduzimos por recalque ou recalcamento. Cf. LAPLANCHE; PONTALIS, *Vocabulário da psicanálise*. São Paulo: Martins Fontes, 2000, p. 430 e 457.

cepção mais drasticamente que a recusa, que, por sua vez, só a tornaria inoperante?

O trabalho de elaboração passa, assim, pela tentativa de pôr em palavras traços mnésicos de experiências sensório-motoras precoces. Requer o entrelaçamento de vários níveis de ligação que ressoam entre si e confirma mais uma vez a ancoragem do pensamento no corpo, como já apontada por Freud e amplamente desenvolvida pelos psicossomatistas da Escola de Paris.

Eu gostaria de assinalar como o trabalho da contratransferência se dá em carne viva, sendo muitas vezes doloroso em face de algumas estruturas nas quais a linguagem é afetada de maneira diferente.

O paciente é a causa dessas elaborações do sofrimento, não é o autor delas, mas seu investimento transferencial permite o trabalho identificatório do psicanalista, cujo fundamento é o duplo investimento do paciente, em sua singularidade, e do funcionamento mental em geral.

♦

AS CICATRIZES DE PIERRA

Nos fragmentos do material e dos sonhos da paciente se pode ler um *curto-circuito cérebro-sexo* por meio do sangue.

O sonho do véu preto está relacionado de forma associativa a uma cicatriz de sangramento no cérebro e à anestesia sensorial que aparece na puberdade, com a chegada do sangue da menstruação, provavelmente vivenciada como uma ferida.

Alguns meses após o relato desse sonho, Pierra me contará que conseguiu passar uma tarde num museu com um colega sem se sentir invadida — sem senti-lo um intruso — por sua presença. Desse dia em diante, não deixa de pensar em sua cicatriz. Eu me surpreendo, porque penso logo na única cicatriz mencionada até o momento: a cicatriz do cérebro. Pergunto, então: "Sua cicatriz?". Pierra responde:

"Mas eu tenho uma cicatriz num seio, e o outro, eu não tenho... Eu não o via, isso não me incomodava. Agora, vejo, sinto-o ao tocar, e isso me horroriza...".

Eu fico transtornada, transbordada de culpa por não ter pensado nisso, mesmo tendo conhecimento do duplo câncer e da mastectomia. Pergunto-me por que nunca me interroguei sobre uma eventual cirurgia reconstrutiva e sou invadida por um afeto de sofrimento.

Pierra me conta então ter recusado a proposta de reconstrução. Só recentemente, e pensando que poderia sentir vergonha de seus seios diante de um homem, ela mesma "viu" suas cicatrizes "até mesmo um buraco", acrescenta.

Deseja agora planejar uma cirurgia. Para isso, consultou dois cirurgiões. O primeiro, nada atencioso, não a agradou. O segundo, uma mulher, soube escutá-la.

Durante as sessões seguintes, Pierra relata dois sonhos:

> Leva seu gato à veterinária. Está confiante, mas, ao se deparar com o olhar dessa mulher segurando um bisturi, sente-se aterrorizada e quer fugir.

Faço um comentário: "As mulheres a escutam melhor, mas nem por isso são tranquilizadoras". Pierra ri e diz: "Isso também acontece no outro sonho:

> Estou com uma mulher desconhecida e devemos entrar num túnel estreito, numa galeria que vai se tornando cada vez mais opressiva e úmida. Quero chegar à saída e, finalmente, consigo indo para trás.

Pergunto: "para trás?". Ela responde: "primeiro as pernas". Eu sugiro: "como um parto pélvico?".

Subitamente muito comovida, quase com raiva, Pierra conta os relatos acabrunhadores e cotidianos de sua mãe sobre seu nascimento. Esse parto especialmente penoso acabou com uma cesariana que marcou para sempre o corpo materno por uma cicatriz de dezesseis centímetros.

Dois meses mais tarde, no dia anterior a uma hospitalização numa grande clínica de cirurgia reparadora, Pierra me contará num tom descontraído que, assim que saísse, levaria a mãe para consultar na mesma clínica. O meu gesto deve ter sido interrogativo, porque ela acrescentou num tom divertido: "Ela também quer apagar agora essa cicatriz, para esquecer...".

Pierra se dá conta, assim, que hoje conhece a diferença entre apagamento, supressão e esquecimento, que a palavra "mudança" tem para ela um sentido figurado. A sessão termina com uma emoção compartilhada.

Tenho muita estima por esta paciente e reconhecimento pelo que ela soube me ensinar durante essa longa aventura. Parece-me que, ao evocar uma representação encarnada do termo "mudança", ela mobilizava a noção de sujeito como também a de uma temporalidade complexa marcada por "essa heterogeneidade essencial que afeta a memória" e à qual se refere André Green em *Le temps éclaté*.

O trabalho de pôr em palavras aquilo que um dia foi traumaticamente condensado numa atualidade submetida à pressão demoníaca de repetir sempre é trabalhoso, até mesmo doloroso. Às vezes, é capaz de ilustrar que, constatada primeiramente na transferência, a compulsão à repetição pode vir a morrer ou se acabar no espaço virtual das representações que se abrem e intervêm no centro de um discurso singular e vivo.

Com *discurso*, refiro-me aqui a uma afetação particular da linguagem que nem sempre se dá de saída, mas se elabora justamente no processo psicanalítico.

12
E o quarto valsava...

Senhoras e senhores, essa decomposição da personalidade psíquica em supereu, eu e id que expus na última conferência também nos impôs uma nova orientação para o problema da angústia. Com a tese que coloca o eu como a única sede da angústia, que quer que somente o eu possa produzir e experimentar angústia, adotamos uma posição nova, sólida, a partir da qual muitas situações apresentam outro aspecto. E, realmente, não saberíamos que sentido faria falar de uma "angústia do id" ou atribuir ao supereu a capacidade de estar ansioso. Em contrapartida, saudamos como uma correspondência desejada o fato de que os três tipos principais de angústia, a angústia real, a angústia neurótica e a angústia moral, se deixem remeter tão facilmente às três relações de dependência do eu: o mundo exterior, o id e o supereu[1]?

A última conferência à qual se refere Freud é a intitulada "A decomposição da personalidade psíquica"[2]; nela, ele retoma os temas desenvolvidos no capítulo V de "O eu e o id",

1   FREUD, S. Angoisse et vie pulsionnelle, *op. cit.*, p. 116. [Ansiedade e vida instintual. Conferência XXXII. Novas conferências introdutórias sobre psicanálise. *Obras completas*, v. XXII]
2   N.T.: Cf. *ESB*, "A dissecção da personalidade psíquica".

entre outros, o das atribuições do eu, escravo de três amos.

Esse excerto de "Angústia e vida pulsional"[3] me fez pensar numa história:

Uma moça muito jovem, em seus vinte anos, volta muito tarde de uma noitada; preocupada com não acordar ninguém, entra furtivamente em seu quarto. De repente, parece-lhe ver o quarto valsando, o que desencadeia uma crise de angústia característica (suores frios e batimento cardíaco acelerado), cujo conteúdo é, no entanto, explicado: eu devo ter bebido demais, não tolero bem o álcool, nada é pior do que perder assim o autocontrole... Pouco depois, ela ouve gritos e barulhos de debandada nas escadas. Da sacada sobe um alvoroço: as palavras "terremoto", "tremor de terra", "é preciso sair, se afastar das casas...". Em seguida, mais nitidamente, a voz de seu pai perguntando por ela; respondem-lhe que ela não voltou; ele diz, então: "Graças a Deus, vamos todos para a praia".

Tendo desaparecido toda a angústia, ela se sente de repente muito alegre, e a ansiedade dos outros a diverte. Sentindo-se de súbito serena, mas cansada, deita-se e logo adormece, conscientemente alheia à ideia do risco. De fato, o profundo alívio que sentiu a fez esquecer o terremoto.

Tentemos reler a história à luz dos estados de dependência do eu.

O quarto valsa, o sinal de perigo é claramente exterior, mas a jovem deve ter dançado, talvez uma valsa, durante a festa. Sua cabeça pode ter girado, no sentido literal e no figurado, enquanto ela dançava. Por uma culpabilidade causada em parte pela megalomania infantil (a culpa é minha, porque eu sou o centro e a origem de todos os males), ela se atribui a valsa do quarto. A angústia que se seguiu pareceu desmesurada, mas deve estar relacionada com sua organização neurótica edípica. Apareceu na forma de uma angústia moral cuja sede é claramente o eu submetido ao supereu. Mas esse eu também tem raízes no id, do qual também é servo.

---

3   N.T.: Cf. *ESB*, "Ansiedade e vida instintual".

> Segurem-se bem, poderíamos abandonar logo o tema da angústia..., mas, pelo menos, avançamos um pouquinho. E, nesse caminho percorrido, adquirimos toda sorte de novas visões. Dessa forma, fomos levados, pelo estudo da angústia, a acrescentar um novo traço a nossa descrição do eu.
> Nós já dissemos que o eu é fraco frente ao id, que ele é o fiel servidor deste, dedicado a executar suas ordens, a satisfazer suas exigências. Nem pensamos em retirar essa formulação. Mas, por outro lado, esse eu é a parte mais bem-organizada do id, a parte orientada para a realidade. Não se deveria exagerar muito a separação entre eles e nem se surpreender se coubesse ao eu uma influência sobre os processos que ocorrem no id. Quero dizer que o eu exerce essa influência ativando, mediante o sinal de angústia, o princípio quase onipotente de prazer-desprazer. Certamente, logo depois, ele mostra de novo sua fraqueza[4].

É difícil para mim deixar de citar o texto freudiano, em vez de resumi-lo, tanto sua fala me parece viva pelos meandros do pensamento.

Voltando a nossa jovem, se o desencadeamento da angústia e sua ligação com a vida pulsional são claros, sua sedação o é menos. O perigo se transforma em perigo vindo de fora: de fato, é o suficiente para satisfazer o supereu; mas o que é feito da "parte organizada do eu orientada para a realidade"? Aqui surge uma dificuldade teórica: a oposição eu-prazer e eu-realidade, associada, em 1911, em "Formulações sobre os dois princípios do funcionamento mental", à oposição princípio de prazer/princípio de realidade, nunca foi integrada à teoria do eu como instância em relação às outras instâncias.

Herdeiro do complexo de Édipo, o supereu tem suas raízes no id, mas também é protetor e encarregado da autoconservação. Na história que contamos, a lei moral é satisfeita

---

4   Ibid., p. 126.

apenas pela metade, e eu arriscaria a ver uma transgressão na atitude que leva nossa jovem a se deitar e dormir quando o pai dá a ordem de evacuar a casa. É verdade que Freud tinha uma ideia lamentável do supereu feminino, do qual diz, na *XXXII Conferência*, que sua formação está comprometida pelas complexidades do declínio do complexo de Édipo da mulher. Não concordo com Freud quanto a que o supereu feminino nunca adquire uma verdadeira independência. Acredito, ao contrário, que, por ser o representante da lei, para a menina, também o primeiro sedutor, o supereu que se constitui, mesmo sendo tão potente e independente quanto no homem, em alguns momentos fica frágil por ser suscetível a se dissolver no estado amoroso. A angústia serve à autoconservação. Nos termos da primeira tópica, poderíamos dizer, deste caso em particular, que as pulsões sexuais prevalecem sobre as pulsões de autoconservação e que o supereu "cede": a jovem prefere dormir e sonhar que valsa a se proteger do terremoto.

Se nos situarmos nos termos da segunda tópica, a questão se torna ainda mais árdua. Nas últimas páginas dessa *XXXII Conferência*, Freud se debruça sobre a natureza das pulsões, seu caráter conservador, interrogando-se sobre a pulsão de morte, "que não poderia estar ausente de nenhum processo vital[5]", sobre a autodestruição, até chegar a revelar sua surpresa diante da descoberta de "uma forte necessidade de punição à qual só nos restou atribuir aos desejos masoquistas" que participariam "em toda doença neurótica". Sigo o texto de Freud, que se ocupará aqui da difícil questão da reação terapêutica negativa. Como o nome indica, esta só pode ser pensada no contexto do processo de um tratamento analítico. No entanto, meu exemplo não provém de uma análise. Trata-se de um simples relato. Prossigo, porém, como um exercício de estilo. Por que não imaginar que a jovem esteja em análise contando, deitada no divã, os fatos da noite do terremoto?

---

5 *Ibid.*, p. 144.

Freud contará, justamente, que uma de suas pacientes, uma senhorita de certa idade (devia ter em torno de trinta e cinco anos), liberta, graças à análise, de seus "complexos de sintomas", tinha se "entregado a uma atividade febril para desenvolver seus talentos [...] agarrando avidamente algumas possibilidades de se valorizar, de obter prazer e sucesso"[6]. Descreve um estado próximo da euforia após o qual a senhorita começa a ter uma série de acidentes e, depois, somatizações. Considero esse exemplo de certa forma diferente da reação terapêutica negativa clássica, na qual se trata de um agravamento ou recrudescência de sofrimentos psíquicos habituais; mas o acho muito interessante em vários níveis.

O primeiro e o mais superficial têm a ver com a nossa jovem. Seria possível imaginar que o anúncio do terremoto tivesse funcionado como uma interpretação que a libertou brutalmente de sua angústia neurótica? À euforia que se segue sucederá uma necessidade inconsciente de punição (desligamento das duas pulsões) que se manifesta por uma conduta de colocar-se em risco, com o supereu, formação reativa do id, tornando-se, então, "pura cultura de instinto de morte".

O outro nível diz respeito a mim como psicossomatista. Faz alguns anos, um número da *Revue Française de Psychosomatique*, "Tomber malade pendant ou aprés l'analyse"[7] [Adoecer durante ou após a análise], tentou colocar a questão abissal da contrapartida econômica de certas "curas psíquicas", especialmente como "saídas da depressão quase crônicas" seguidas pela eclosão de uma doença somática. Este fenômeno clínico perturbador talvez esteja longe da reação terapêutica negativa no sentido clássico, mas, mesmo assim, não posso deixar de pensar nele. A referida associação, talvez arbitrária, tem, pelo menos, o mérito de nos conduzir a uma reflexão sobre a valência protetora da angústia na

---

6 Ibid., p. 146.
7 *Revue Française de Psychosomatique*, n. 17, outono de 2000.

economia pulsional do sujeito humano, para muito além do que Freud chama, em outra ocasião, de *preparação do eu pela angústia* e que preveniria os efeitos dos traumas.

Isso me leva à questão que me intriga, a da relação do eu como instância com a realidade. Não se poderia pensar que a realidade, a gênese do princípio de realidade, para o eu-instância, seria simplesmente o "não, isso não é possível", logo, a castração...? O artigo "A negativa" é de 1925 e *Inibições, sintomas e ansiedade* é de 1926. Nesse sentido, a realidade seria traumática por definição, e, então, a preparação do eu pela angústia também se tornaria uma necessidade constante, por definição.

Nessa mesma linha de reflexão, têm me ocorrido algumas ideias que registro aqui como questões abertas. Como entender a resistência física extrema de figuras políticas que podem viajar a Tóquio de manhã, a Londres de tarde e ir a uma reunião de cúpula na África no dia seguinte? Como entender certas desorganizações somáticas que advêm após uma aposentadoria, mesmo quando honorífica e desejada, ou, às vezes, mais estranho ainda, após uma análise bem-sucedida? Em nossos dias, fala-se muito de "estresse", termo do qual nós, psicanalistas, não gostamos. A palavra vem do inglês *distress* e foi cunhada por Hans Selye, médico húngaro que, nos anos 30, descreveu "uma síndrome geral de adaptação" a todo tipo de agressões. A evolução semântica dessa palavra, muito utilizada hoje em dia, faz esquecer que se trata de "uma resposta" a um agente externo. Por outro lado, essa mesma evolução favorece o amálgama entre causas e efeitos e a confusão entre interno e externo. Ora, acho que ali reside a razão do formidável sucesso desse vocábulo.

Parece-me que estamos aqui, mais uma vez, frente à questão do fora e do dentro, que coloca de outra forma a questão dos dois princípios: prazer-desprazer/princípio de realidade, que ficou um pouco em suspenso em Freud, em todo caso na Conferência de 1932.

Já conheci muitos pacientes que admitiam se sentirem bem em condições de tensões extremas, mas que se deprimiam e tinham verdadeiras angústias em momentos de tranquilidade. Penso principalmente numa paciente cujo ofício de "fotógrafa de guerra" a levava a viver em condições de tensões e de perigos inimagináveis; no entanto, o que ela mais temia eram seus momentos de pausa em Paris. Nós entendemos que sua violência pulsional era tamanha que vivenciá-la como vinda de fora tinha um efeito sedativo. Parece-me que a jovem cujo quarto valsava não está tão distante dessas patologias: ela estava mal pela ideia de ter sido responsável por um fenômeno angustiante; mas esse mesmo fenômeno, uma vez objetivado e referido a condições externas, perdeu paradoxalmente seu caráter de ameaça.

Tudo isso é muito banal e conhecido pelos psicanalistas, mas, mesmo assim, continua sendo complexo para entender em termos metapsicológicos. A angústia, estado de afeto por excelência, é parte intrínseca da vida pulsional, e sua sede é o eu que ela protege ou, pelo menos, prepara contra os efeitos traumáticos provenientes não só do mundo, mas também da pulsão e, portanto, do interior do corpo: "O ser humano se protege do pavor pela angústia", escreveu Freud já em 1916 nas *Conferências introdutórias sobre psicanálise*[8]. Este enfoque pode dar lugar a outra versão da *valsa do quarto*: a jovem poderia ter pressentido mas recalcado, inclusive negado, o terremoto ao inventar um motivo de angústia? Mas por que nega a seguir os perigos desse mesmo terremoto?

Falar da clivagem me parece fenomenologicamente correto, mas pouco heurístico...

Depois de ter lido e relido, apreciado e detestado, essa *XXXII Conferência*, parece-me de repente que seus pontos obscuros estão ligados ao fato de que ela não revela claramente seu objeto: eu pensaria que se trata de um exame radical que vai além da angústia na vida pulsional.

---

8 Gallimard, 1999, p. 498-499 [Novas conferências introdutórias sobre psicanálise. *Obras completas*, v. XXII].

Freud procura reformular todas as suas teorias da angústia levando em conta, ao mesmo tempo, as instâncias da segunda tópica e as oposições princípio de prazer/princípio de realidade e eu-prazer/eu-realidade, oposições que a complexificação introduzida em 1923 por "O ego e o id" tornaram infinitamente menos claras.

Essa é, por sinal, uma tendência "conservadora" de Freud que, ao longo de toda a sua obra, persegue com audácia e lucidez avanços teóricos fulgurantes, volta a questionar o seu saber, mas sem renunciar às suas ideias anteriores. No entanto, o princípio de prazer, visto como econômico até 1924, é posto em xeque pelo reconhecimento do masoquismo erógeno primário, que obriga Freud a aceitar que também há prazer na dolorosa tensão da excitação. O princípio de realidade, construído a partir de diferenciações sucessivas do princípio de prazer, é indissociável deste, assumindo, mais tarde, um caráter às vezes paradoxal, visto que é preciso passar pela realidade psíquica para reconhecer a prevalência da realidade externa.

Se essas questões numerosas e fundamentais não fornecem muitas respostas ao enigma de nossa jovem, contentemo-nos imaginando seus sonhos durante a noite do terremoto: eu apostaria que ela dançou uma valsa vertiginosa, provavelmente com um belo rapaz, enquanto seu pai, maravilhado, cobria-a com o olhar...

13
Sobre a contratransferência em Lacan: algumas questões em aberto

Na língua alemã, contratransferência se escreve *Gegenübertragung*; o prefixo *gegen* quer dizer certamente "contra" no sentido de "oposto", mas também "contra" no sentido de "muito perto", como se diria, em francês: "Je m'appuyais contre toi"[1]. Isto não acontece em inglês, o que eu acho uma pena, pois o *"contra" da transferência* não é apenas um oposto ou uma reação, mas também um *muito perto da transferência*. Mais do que a contraparte da transferência, o que foi chamado de contratransferência seria uma cotransferência. Lacan expressa isso muito claramente no *Seminário XI*[2]:

> A contratransferência é um fenômeno que inclui o sujeito e o psicanalista; dividi-la em termos de transferência e contratransferência, independentemente da audácia e da desenvoltura do que cada um se permita afirmar sobre esse termo, nunca é senão uma forma de eludir aquilo do que se trata.

---

1 N.T.: Ou, em português: "Eu me apoiava contra a parede"; a palavra tem o mesmo duplo sentido nas duas línguas.
2 LACAN, J. Os quatro conceitos fundamentais da psicanálise. *O Seminário, livro 11*. Rio de Janeiro: Zahar, 1964.

O termo vem do próprio Freud, mas não é claramente dito a qual das duas acepções de *gegen* ele se refere quando escreve a Jung sobre o caso Sabina Spielrein. Caso embaraçoso que o leva a pensar na necessidade de escrever sobre a contratransferência, o que acabará nunca realizando. Aliás, Freud faz da contratransferência "um artefato, ou melhor, um efeito iatrogênico" da transferência, efeito iatrogênico que ele dispensaria de muito bom grado... Reconhece sua importância e periculosidade, mas fala pouco dele e prefere mencioná-lo apenas em reuniões com seu círculo mais íntimo.

O texto inaugural e fundamental de Patrick Guyomard me permitiu entender melhor as questões de uma discussão em torno das concepções da contratransferência em Freud e Lacan. O autor parece ter entendido melhor o que Lacan "reprova" à contratransferência quando escreve: "Devemos desconfiar desse termo impróprio"[3]. É verdade que podemos lamentar tanto o silêncio que cercou o conceito até os anos 50 quanto o efeito de moda do qual também foi objeto posteriormente. Além disso, é evidente que a utilização do conceito gera certa nebulosidade, colocando, às vezes, "tudo no mesmo saco" ou então fazendo dele a "explicação para todos os males".

Em relação a isso, lembrei-me de uma história. A um colega que disse "sofri na minha contratransferência", Pierre Marty, durante um dos ataques de raiva homéricos que costumava ter na supervisão coletiva, gritou: "Se o senhor fosse açougueiro e tivesse errado num corte, teria a cara de pau de me dizer: 'sofri no meu pernil?'". Esta pequena história ilustra bem por que outros, além de Lacan, por volta de 1975, aprenderam a "desconfiar desse termo" possivelmente menos impróprio do que profanado.

◆

---

[3] "Entendo por 'contratransferência' a implicação necessária do analista na situação de transferência, e é precisamente isso o que faz com que *devamos desconfiar desse termo impróprio*" (*O Seminário*, livro VIII, *A transferência*).

REFLEXÕES E APORIAS SUSCITADAS PELA EXEGESE DE PATRICK GUYOMARD

Se a experiência analítica é dialética, ela implica o contra da transferência; se o analista resiste ao tratamento, ou melhor, alimenta as resistências que ali se desenvolvem, é claramente da contratransferência que se trata. Sem concordar totalmente com Lacan, posso entender que ele pense que a análise das resistências (do paciente) é *antidialética* por alimentar um conflito insuperável. Quanto a entender a resistência, do lado do analista desta vez, como equivalência da contratransferência, estando até mesmo em seu cerne, penso que todos concordamos. Por outro lado, questiono-me quanto à neutralidade e à passividade, que Patrick Guyomard denomina *não agir*. A meu ver, os argumentos desenvolvidos não esgotam a questão. Com efeito, o enquadre, a sua rigidez, para mim, é intrínseco ao "não agir", ao *não agir positivo*. Patrick Guyomard faz claramente a pergunta, sim, mas sem abordar a delicada questão da escansão[4]. Custa-me admitir que a contratransferência e "a resistência do analista" não participem desse parâmetro transformado em técnica. Não seria preciso recorrer aqui à "velha noção", caída em desuso hoje em dia, de "contra-atitude"? A contra-atitude, como definida por Evelyne Kestemberg e Serge Lebovici[5], não seria a contratransferência atuada, tampouco uma passagem ao ato do analista, mas a ação que simboliza alguma coisa da contratransferência.

Eu definiria a escansão como uma "contra-atitude interpretativa". Queira-se ou não, encerrar uma sessão é, por sua própria essência, um ato e não poderia ser definido somente por seu valor interpretativo. Patrick Guyomard manifestou claramente que não desejaria ligar a questão da contratransferência em Lacan a uma discussão sobre a escansão.

---

4   N.T.: Entre os psicanalistas lacanianos, denomina-se *escansão* o corte temporal marcado pela suspensão da sessão ou qualquer tipo de interrupção da fala.
5   Seminário interno da Sociedade Psicanalítica de Paris (SPP), "Les grands concepts" [Os grandes conceitos].

No entanto, parece-me que essa polêmica teria razão de ser, especialmente à luz da concepção de *continuous enactment*, "processo de atuação", hoje em voga nos Estados Unidos da América e teorizada, entre outros, de maneira interessante, por Henri Smith durante o último congresso da IPA em Chicago[6]. H. Smith o define como um processo constituído pelas fantasias e desejos inconscientes dos dois protagonistas que os atualizam juntos no transcurso do tratamento analítico, graças à linguagem e à interpretação.

◆

OUTRA QUESTÃO É A PRECEDÊNCIA OU NÃO DA CONTRATRANSFERÊNCIA

A noção lacaniana de "desejo do analista", na esteira de Freud, parece conceber o analista como responsável pela transferência. Será que, para Freud, responsabilidade implica precedência? Eu não poderia afirmá-lo, mas essa posição vai ao encontro daquela de Michel Neyraut, que afirma a precedência da contratransferência. Lacan parece se reconhecer nela ao dizer que Neyraut escreveu "um pequeno livro belíssimo sobre a transferência"[7].

O questionamento sobre a precedência ou a indução — quem induz o quê? — me parece da ordem daquele sobre "o ovo e a galinha", ou sobre o sexo dos anjos, falsas questões por excelência, porque sempre se trata do encontro e do cruzamento dos dois elementos. É justamente desse cruzamento de que fala Daniel Widlöcher quando se refere ao "copensamento" do qual surge a interpretação; ou André Green quando amplia a contratransferência a "todo o funcionamento mental do analista e do paciente *no enquadre da sessão*". Eu consideraria Lacan próximo dos dois autores

---

[6] "Continuous enactment: its effect on the analyst's thinking and its role in therapeutic action" (apresentação durante o Congresso de Chicago, em julho de 2009).
[7] J. Lacan, *Le Séminaire, XXI*.

em sua afirmação: "A transferência é um fenômeno no qual estão juntos o sujeito e o psicanalista..."[8].

Não voltarei aqui à história do conceito no pensamento de Freud nem à questão da sua ampliação após 1955, que, aliás, Patrick Guyomard desenvolveu extensamente. Em compensação, gostaria de me deter na noção de "implicação necessária do analista" utilizada por Lacan. Ela nos parece evidente, mas Lacan a sublinha. Em sua crítica da resistência, escreve: "Existe só uma resistência, a do analista. O analista resiste quando não sabe com o que está lidando"[9]. Lacan reconhece, assim, a existência da contratransferência, mas a reduz aos fracassos do analista. Suas posições não são claras. De fato, Patrick Guyomard nos mostra que só a partir da construção de uma teoria lacaniana da transferência poderia se dar uma inversão de perspectiva: "A transferência não precede a contratransferência, mas a induz, a funda e lhe dá razão"[10].

Já nos anos 60, Lacan elabora uma concepção original da transferência. O desejo está no centro do amor de transferência, desejo de um objeto por excelência velado. O desejo é estruturado pela falta. O paciente logo se apaixona por aquilo que crê adivinhar que o psicanalista possui, um saber, que se furta ao paciente. Trata-se de uma conceitualização muito interessante com a qual posso concordar. Por outro lado, acho discutível — e com isso quero dizer que ela merece ser debatida — a análise de Guyomard segundo a qual "esse pensamento do desejo pode parecer afastado da teoria freudiana. No entanto, surgiu diretamente dela. O paradoxo do objeto do desejo retoma o paradoxo freudiano do objeto da pulsão. A pulsão não tem objeto. *O objeto é o que há de mais variável na pulsão. Não é originariamente ligado a ela*"[11].

---

8 J. Lacan, *Le Séminaire, XI*.
9 LACAN, J. *Le Séminaire*, II. Paris: Seuil, 1978, p. 313.
10 GUYOMARD, Patrick. Lacan et le contre-transfert: le contre-coup du transfert. *Lacan et le contre-transfert*. Paris: PUF, 2011, p. 11-76.
11 *Id., ibid.*

Na minha leitura da pulsão, o objeto é vicariante, mas a pulsão não é concebível sem objeto. As pulsões são sempre duas, de vida e de morte, e se intricam no objeto investido por ambas. Que "o desejo seja o *après-coup* da pulsão na fala e na linguagem" me parece uma formulação feliz; no entanto, não estou convencida da continuidade entre Freud e Lacan que Guyomard defende aqui. O objeto do desejo lacaniano, aquele que contém o *Agalma*[12], não seria uma derivação da pulsão, com a dessexualização que isso implica de saída?

Penso que aqui entra a divergência fundamental de uma pulsão pensada por Freud como conceito limítrofe entre o psíquico e o somático, enquanto que, para Lacan, a pulsão só é considerada em relação à fala e à linguagem, tratando-se, assim, de um conceito fundamentalmente diferente.

Em todo caso, a partir de sua teoria da transferência, Lacan parece se inclinar cada vez mais a abrir espaço para a contratransferência e para o trabalho de contratransferência, mesmo que se recuse a utilizar essas palavras. Em relação ao assunto, cita Melanie Klein, que também não fala de contratransferência, mas de identificação projetiva, para se referir à presença de um "núcleo interno, central do objeto bom ou mau" que, em sua teoria, se situa no início, antes da posição depressiva. No *Seminário* "A transferência", Lacan defende a ideia de que seria pela transferência que o analista é possuído por um objeto interno, objeto causa do desejo: "O analista, pela transferência, é possuído por um objeto interno, bom ou mau [...] bem ou mal interpretado; os fenômenos da contratransferência são o efeito dessa inclusão"[13].

---

12 N.T.: Em *O Seminário, livro 8*, sobre a transferência, Lacan elucida o conceito de *Agalma*. O *Agalma* foi definido por Platão como o paradigma de um objeto que representa a ideia do Bem. Assim, Lacan define esse *Agalma* como o bom objeto kleiniano, que ele reconverte prontamente no objeto (pequeno) a: objeto do desejo que se esquiva e que, ao mesmo tempo, remete à própria causa do desejo (cf. ROUDINESCO, PLON. *Dicionário de Psicanálise*. Rio de Janeiro: Zahar, 1998, p. 566).

13 LACAN, J. *Le Séminaire, VIII, Le transfert*. Paris: Seuil, 2001, p. 181.

Embora a tenha criticado, Lacan conhecia bem a obra de Melanie Klein. Tenho a impressão de que, se o conceito de identificação projetiva é pouco utilizado na psicanálise francesa, é por estar frequentemente inserido em nossas concepções de contratransferência.

Debrucei-me recentemente num artigo de Pierre Marty de 1952, "Les difficultés narcissiques de l'observateur en psychosomatique"[14]. Marty fala, sem mencioná-la explicitamente, da contratransferência do psicanalista psicossomatista. Um duplo processo identificatório se desenvolve nele: por um lado, é conduzido a experimentar intimamente, por identificação com seu paciente, o despedaçamento do corpo e a modificação de sua imagem; por outro lado, é submetido inconscientemente pelo paciente a um movimento de identificação que provoca a eliminação de sua qualidade de objeto e de sua alteridade. Trata-se de uma forma de identificação narcísica primária na qual o sujeito se projeta, total ou parcialmente, no objeto, implicando uma confusão psíquica com este objeto. Descrevendo como uma "dificuldade" no encontro com o paciente somático em relação à ideia de autodestruição, Marty fala de um mecanismo muito próximo da identificação projetiva. É interessante notar que, embora a tradução francesa de "Sobre a identificação" só tenha aparecido em 1958, Melanie Klein já tinha sido recebida na Sociedade Psicanalítica de Paris em 1950, e é bem provável que Pierre Marty e Jacques Lacan estivessem presentes. Quero dizer com isso que a identificação projetiva faz parte, a meu ver, das concepções sobre a contratransferência, tanto em Marty e Green quanto em Lacan, o que explica que a psicanálise francesa recorra pouco a esse conceito.

"Uma leitura crítica" e "A necessidade de responder à transferência" são os títulos dos dois últimos capítulos do texto de Patrick Guyomard. Achei seus comentários muito interessantes, pois esclarecem bem a lógica e o percurso de

---

14 *International Journal of Psychoanalysis*, v. 91, n. 2, abr. 2010, p. 343-370, Key paper, introduction M. Aisenstein, C. Smadja, commentaire R. Gottlieb.

Lacan. Este autor reconhece a parte do inconsciente do analista no tratamento e se refere ao uso de um inconsciente flexível, um inconsciente mais a experiência do inconsciente[15]. Se isto nos faz sorrir, não esqueçamos a metáfora telefônica de Freud, que propõe "se servir de seu inconsciente como de um instrumento".

Quero me deter num ponto que me importa especialmente: na esteira de Freud, Lacan também se refere a uma "comunicação dos inconscientes"[16], mas abandona essa pista exatamente como Freud, que havia assinalado "esse fenômeno clínico incontestável" em 1915, interessando-se pela telepatia e, depois, renunciado a ela aparentemente. Aliás, Daniel Widlöcher se referiu, em sua contribuição, "à fascinação de Freud pela indução de pensamento, pela transferência de pensamento...". Tentarei retomar essa questão da perspectiva da "percepção inconsciente"; penso que ela entra na contratransferência e que, às vezes, pode estar inclusive em seu centro.

Freud nunca elaborou explicitamente uma teoria da percepção inconsciente. No entanto, ela existe em sua obra e sustenta a teoria do sonho; sem ela, todo o capítulo VII de *A interpretação dos sonhos* se torna estritamente incompreensível[17]. Parece-me, então, que uma parte da contratransferência inconsciente do analista é feita de "contrapercepções" relativas à parte menos conhecida por ele da transferência do paciente. Aqui, eu concordaria com Lacan para pensar que, independentemente do nome que se dê à contratransferência, ela é a outra face da transferência. A transferência inclui, portanto, o sujeito e o psicanalista num fluxo inconsciente.

Ao longo de todo o texto de Patrick Guyomard, fala-se do inconsciente. É verdade que, para todos nós, é uma simplificação de linguagem, mas, depois de 1923, Freud fala do id, o

---

15 J. Lacan, *Le Séminaire, VIII, Le transfert*.
16 *Id., ibid.*
17 BOLLAS, Christopher. *The freudian moment*. Londres: Karnac, 2007, cap. II, p. 33-68.

que introduz mudanças importantes. A segunda tópica dá a visão antropomórfica de um eu não delimitado cujas operações defensivas são em grande parte inconscientes, em luta com um id, caos repleto de energias vindas das pulsões, sem organização nem vontade coletiva e aberto em sua extremidade a influências somáticas[18]. O sujeito é um id psíquico desconhecido e inconsciente na superfície do qual se forma um eu que é a parte do id modificada pelas influências do mundo exterior, isto é, pelas percepções sensoriais vindas de fora. Enquanto o inconsciente da primeira tópica permanece no registro do prazer, o id, ao contrário, é habitado por moções pulsionais contraditórias entre as quais as de destruição e de caos... Ora, essa virada para o econômico implica uma promoção do afeto, nova no pensamento de Freud.

O deslocamento da ênfase da representação para o afeto assume, a meu ver, uma importância crucial em razão de suas implicações clínicas. Com efeito, nas análises das psiconeuroses, o fio condutor que nos permite o acesso ao material inconsciente é o da associação livre, estando, portanto, inscrito na linguagem, cuja própria estrutura trabalha para ligar as formações inconscientes. Nos tratamentos analíticos de pacientes não neuróticos, neuroses atuais, casos limítrofes e somáticos, deparamo-nos frequentemente com a *não associatividade*. O discurso não é "vivo" ou deixa de sê-lo. Há uma não elaboração da energia psíquica que se manifesta mais pelos atos ou então através do soma. Não detectamos resistências nem derivados do recalcado, tampouco formações de compromisso, e, de fato, não há conflito entre forças psíquicas que se opõem. Muitas vezes, o único fio condutor é o da angústia e do afeto. Um *rudimento de afeto* inconsciente que procura uma via de manifestação pode aparecer, assim, transformado em angústia. O trabalho do tratamento e a transferência, "que inclui os dois protagonistas", podem, às vezes, qualificar a angústia ou o "ru-

---

18 FREUD, Sigmund. Novas conferências introdutórias sobre psicanálise. *ESB*, v. XXII, p. 50.

dimento de afeto", dando-lhe, assim, seu caráter de afeto no sentido pleno do termo, isto é, ligando-o a representações de palavras.

Ilustrarei minha afirmação com dois exemplos clínicos: uma consulta, ou melhor, o fracasso dramático de uma consulta na qual eu não soube elaborar com a paciente a percepção inconsciente que circulava entre nós; o segundo exemplo é um fragmento de tratamento que se revelou um momento fecundo, num trabalho de longo prazo, por ter sido possível ligar a angústia a representações e lembranças dolorosas.

♦

SENHORITA X
Recebo uma ligação telefônica. Ela solicita um encontro por indicação de sua tia, "que é psi". Explico que posso recebê-la para orientá-la. "Perfeito", diz ela...

Chega uma moça muito jovem, muito magra, longilínea, muito maquiada, calçando botas de cano alto de camurça de cor verde-maçã, vestindo meia-calça azul, uma minissaia de onça curtíssima e um agasalho, ou melhor, um casaco longo de vison claro. Assim que senta, pergunta-me: "O que a senhora quer saber?". Após um breve silêncio no qual a percebo desconcertada e angustiada, digo que, se ela se deu ao trabalho de marcar um encontro e de vir ao meu consultório, talvez tenha alguma coisa para me dizer..., mesmo que seja apenas a razão de sua solicitação de entrevista.

"Nada fora do normal..., é a minha tia; ela se preocupa porque, desde o final de setembro, não faço nada e fico em casa...".

Com dificuldade, fico sabendo que ela veio do interior para cursar uma faculdade de jornalismo. Depois de quinze dias, entendeu que esse meio a "enojava" e voltou para casa.

Para casa? Um apartamento conjugado que aluga... Sai apenas para fazer compras...

Sua infância? "Nada fora do normal...", diz. Descreve a cidade, a escola de seu bairro, depois a irmã...

Aponto a ela que ainda não pronunciou as palavras "pai" ou "mãe", como se estivesse evitando o assunto.

"Nada fora do normal", diz ela mais uma vez. Depois: "O que mais a senhora quer saber?". Sua voz é neutra, monótona, sem agressividade.

Após um longo silêncio, ao longo do qual vou me sentido cada vez mais deprimida, esvaziada e sem ação, de repente sinto uma náusea, percebo que estou enjoada. Fico então impressionada com a extrema imobilidade da moça, as costas retas, as pernas bem cruzadas... Ocorrem-me as palavras "louca perigosa" e sinto uma violência muito pouco comum em mim: quero que ela vá embora, que "se mande". Não se passam nem trinta segundos quando ela salta da poltrona, dirige-se à porta, batendo-a, bate também a porta da rua, deixando-me derrotada e abalada.

♦

SENHOR Y
Este paciente gravemente hipertenso, cujo funcionamento operatório era claro e exemplar, tinha o costume de me narrar os fatos e acontecimentos da semana numa ordem cronológica. Nunca apareciam afetos nem angústia em seu discurso. Numa manhã, sentado, olha para mim e fica em silêncio. Contorce-se como uma criança aterrorizada. Pergunto-lhe o que está acontecendo: "Estou com medo", diz. Pergunto-lhe: "Medo, aqui e agora? Então, você está com medo de mim?". "Sim", diz ele, "sinto que a senhora não está como sempre, está brava". Ora, naquela manhã, eu tinha acordado mal de um pesadelo do qual tinha me tirado uma raiva terrível. Raiva furiosa, mal represada e mal elucidada ao acordar, mas deixada de lado, esquecida naquele momento. Foi só a partir desse momento que vieram ao meu paciente lembranças de seu terror de criança entregue a uma mãe psicótica e sádica.

Esses fenômenos relacionados à percepção inconsciente se situam no centro da contratransferência e existem em toda análise. São muito discretos nas análises tradicionais, em que a verbalização e o jogo das representações são favorecidos pelas associações, mas se tornam muito importantes na técnica dos tratamentos "mais difíceis". Porque não se trata da transferência "libidinal", mas de uma transferência "além do princípio de prazer" e porque, nesses casos, a transposição do aparelho psíquico para a linguagem, portadora de virtualidades metafóricas infinitas, não é natural.

Acredito que nesses pacientes limítrofes, nos quais a organização psíquica não decorre de uma resolução edipiana que determina as capacidades neuróticas e elaborativas, a receptividade ao inconsciente do outro, do analista, objeto investido, é maior. Esse enigma da sensibilidade de certos pacientes ao sistema inconsciente—pré-consciente do analista tem me inquietado faz muito tempo. Pierre Marty percebeu isso e nos dizia: "Estejam atentos, o inconsciente deles não emite, mas recebe". Como entender esse fenômeno clínico incontestável?

No texto de 1915, *O inconsciente*[19], Freud explica que o pré-consciente se protege da pressão das representações por meio de um contrainvestimento alimentado pela energia retirada, justamente, das representações. Nos dois breves exemplos que relatei, assistimos a uma passagem ao ato brutal, no primeiro, e a um aumento da angústia, no segundo, relacionados com um estado afetivo da analista. Percepção — inconsciente, neles — de um afeto em mim. No entanto, se, por um lado, a representação recalcada permanece no inconsciente como uma formação real, o afeto inconsciente, por outro lado, não passa de um "rudimento" carregado de energia que tenta transpor a barreira do pré-consciente. Aliás, Freud comparará o afeto à motilidade. Ambos têm valor de descarga: o primeiro se destina ao próprio corpo e não tem relação com o mundo externo, enquanto a motilidade visa a

---

19 FREUD, S. O inconsciente. *ESB*, v. XIV.

transformar o mundo externo. Além disso, ainda no capítulo VI do texto de 1915, Freud estuda as "relações entre os dois sistemas". Toda passagem de um sistema a outro implica uma mudança no investimento. Isso não basta, no entanto, para explicar a constância do recalcamento originário. É preciso, então, levantar a hipótese de um processo que faz perdurar este último. Freud propõe a ideia de que o pré-consciente se protege da pressão das representações graças a um contrainvestimento que extrai sua energia da fonte das representações. Avento a hipótese de que, em certos pacientes, esse contrainvestimento é tão drástico que paralisa o pré-consciente e isola o inconsciente. Ora, esses mesmos pacientes investem o exterior e investem compulsivamente o outro, o analista. Nesse primeiro momento de intersubjetividade, o contrainvestimento drástico envolve o interno. É ineficaz para aquilo que vem do objeto investido. Isso poderia explicar a hipersensibilidade desses pacientes, se admitirmos essa noção, para mim capital, de *percepção inconsciente*. Freud a menciona em 1915 e, apesar de sua ambivalência, nunca abandonou sua ideia da "transferência de pensamento", pois a retoma novamente em 1933, na XXX das *Novas conferências*[20].

Esse desenvolvimento me parece esclarecer os dois fragmentos clínicos que apresentei, mas é justamente ali que a noção de desejo, "*après-coup* da pulsão na linguagem", coloca-me um problema clínico e metapsicológico. Em que sentido a teorização lacaniana, que situa a concepção da pulsão em suas relações entre linguagem e fala, é heurística para esse tipo de clínica? Que lugar reserva ao afeto? E, no entanto, a teoria lacaniana de uma transferência associada diretamente a sua contraparte, a contratransferência, parece-me interessante para entender melhor uma clínica na qual a metabolização do afeto é nosso único acesso aos materiais inconscientes. Fico, assim, numa contradição.

No *Seminário* "A transferência", Lacan, citado por Patrick Guyomard, escreve:

---

20 FREUD, S. Novas conferências introdutórias sobre psicanálise. *ESB*, v. XXII.

quanto melhor o analista for analisado, mais será possível que se apaixone verdadeiramente ou que fique verdadeiramente em estado de aversão, de repulsa, quanto aos modos mais elementares da relação dos corpos entre eles, com respeito a seu parceiro[21].

Eu só posso concordar, mas o *estado de aversão* e a *relação dos corpos entre eles* implicam o afeto como descarga. E isso me parece pouco ou nada elaborado em sua teoria. Além disso, mesmo nessa frase, Lacan parece descrever a parte consciente da contratransferência, a parte visível do *iceberg*, e não as irrupções emanadas do id que mencionei.

Para concluir, algumas palavras sobre a transferência. Em outra ocasião, propus a noção de "compulsão à transferência", da qual faço um dado antropológico geral[22]. Assim, creio que minha posição é muito diferente daquela de Lacan, que, se o entendo bem, opta definitivamente pela precedência do desejo do analista. Em compensação, acho esclarecedora a sua concepção de uma identificação imediata e maciça do analisando não com o sujeito do saber, mas com o objeto do desejo. O paciente quer de imediato, obscura e compulsivamente, alguma coisa que ele supõe que o analista possua ou queira secretamente. Ocorre-me uma analogia ou uma metáfora do *infans* voltado desesperadamente para uma mãe fisicamente presente, mas também habitada pela representação de seus objetos eróticos.

Contratransferência, cotransferência, contraparte da transferência, *avant-coup*[23] da transferência ou apenas transferência: independentemente da denominação escolhida, trata-se de uma força enigmática que conduz os dois protagonistas para o desconhecido e que só ganhará sentido no *après-coup* de seu desdobramento.

---

21 LACAN, J. *Le Séminaire, VIII, Le transfert*. Paris: Seuil, 2001.
22 Marilia Aisenstein, "Les exigences de la représentation", *Bulletin de la SPP*, octobre 2009, p. 126-153.
23 N.T.: *Avant-coup* é o oposto do *après-coup*. Este último termo foi mantido em francês por ser de uso corrente em psicanálise para significar a elaboração *a posteriori* (com efeito retardado). Então, *avant-coup* se refere ao que precede, *a priori*.

Reflexões

14
Traduzir, transcrever, trair

Um grande tradutor que foi meu professor me disse, certo dia, quão perigosa é a fidelidade, acrescentando: "Quando você ouvir em grego a expressão à sombra dos plátanos, traduza por *le soir au coin du feu*[1].

À sombra dos plátanos é uma expressão grega usada para designar uma conversa que, pelas circunstâncias e pela atmosfera de descontração, adquire um tom de confidência e intimidade.

Esta questão da tradução-transcrição-traição é fundamental em se falando da clínica, ou seja, quando se narra uma história ou mesmo um fragmento de análise, por razões didáticas muitas vezes. Refiro-me aqui ao relato escrito ou oral — dirigido a um público, seja este composto unicamente por psicanalistas — de uma experiência íntima e vivenciada como única e incomunicável por pelo menos um dos protagonistas.

Como se efetua a transição entre o privado — singular —

---

1 N.T.: Expressão figurada que significa uma conversa íntima. Como a autora tentará nos mostrar, uma tradução literal para o português (à noite junto à lareira) também não seria fiel, não transmitiria propriamente o sentido, embora possamos imaginar a cena...

da experiência e a transcrição para a língua comum, e desta para uma língua comum a um grupo de especialistas? Se tomarmos o exemplo do sonho, temos que pensar essa transcrição em dois tempos. A transcrição da imagem em palavras, feita pelo próprio sonhador e somente para ele. Será que um sonho que nunca adquiriu status de relato existe? O sonho é uma matéria volátil e fadada ao esquecimento. Qual é a existência de um sonho não relatado e esquecido?

O segundo tempo consiste em dar forma ao relato para um auditório, até mesmo para um único destinatário, o psicanalista, por exemplo, mesmo ausente. Toda transcrição envolve não só tradução, mas também interpretação. Para tentar abordar essas questões, partirei de um romance de Kawabata, *Beleza e tristeza*. Kawabata é um escritor que me fascina; sua proximidade com o espírito da psicanálise sempre me espantou. Em *A bailarina de Izu*, ele desconstrói uma lembrança encobridora relativa à morte de seus pais, como gostaríamos de fazer numa bela análise.

Órfão precocemente, Kawabata lança-se na escrita desde muito jovem. Ganha o prêmio Nobel em 1968 e se suicida em 1972. Junto com *A casa das belas adormecidas*, *O som da montanha* e *O lago*, *Beleza e tristeza* é uma de suas obras principais. Este romance começa com a reflexão de um escritor idoso, já consagrado, no trajeto de trem para Kyoto, no dia 31 de dezembro, onde ouvirá as badaladas de final de ano dos sinos de um mosteiro. Ele costumava ouvir o badalar celestial desses sinos de madeira, mas somente pelo rádio. Questiona-se sobre suas motivações profundas, pois, em Kyoto, vive também uma mulher que ele amou havia muito tempo. Ela tinha dezesseis anos, e ele era um jovem pai de família de trinta e dois anos. Ela permaneceu solteira e se tornou uma pintora renomada. O herói, Yoki, tem recordações desse amor absoluto, vivido intensamente por ambos, mas às recordações se mesclam e se substituem passagens de seu livro. Uma obra que lhe rendeu um grande reconhecimento e um prêmio literário. No romance, o assunto é um romance do herói, seu melhor livro, intitulado *Uma jovem de dezesseis anos*. Neste romance, Yoki tem a sensação de ter-se desnudado; contou seus desejos, sentimentos, pensamentos obscuros, mas também os da moça. Falou da gravidez dela, do parto numa clínica sinistra onde a criança morreu. Descreveu uma cena de extremo desamparo da moça, seu corpo deformado pela febre e pelo sofrimento, sua tentativa de suicídio pouco depois. Nada foi ocultado. O livro teve um sucesso crescente, as vendas regulares lhe garantem ainda uma renda confortável. Yoki pensa que "ela", Otoko, a heroína do romance, provavelmente o leu...

Não seguirei contando *Beleza e tristeza*, o romance de Kawabata, a não ser para dizer que o desfecho é trágico. Uma aluna de Otoko leu e percebeu que se tratava de uma escrita autobiográfica. Ela ama Otoko e, na mais completa solidão, planeja vingar a mulher venerada, o mestre sobre quem faz o que chamaríamos de "uma transferência amorosa".

Sempre pensei, sem procurar verificar verdadeiramente, que *Beleza e tristeza* continha muitos elementos biográficos. De fato, a história e o devir de um livro constituem a verdadeira trama, o cerne desse romance. Imagino Kawabata levado a falar de sua obra, o que me faz pensar nas bonecas russas, que se encaixam umas dentro das outras... A maior contém uma menor, até chegar à minúscula. Será que esta se mantém idêntica à maior, numa continuidade?

Gosto muito de escrever sobre a clínica; toda história de paciente é uma história original que, para mim, se torna um romance. Ao redigir os casos, tomo um cuidado extremo para disfarçá-los, pois penso que, para o paciente, o importante é saber que não pode ser reconhecido por ninguém. No entanto, mesmo transformada em condessa siciliana, protegida por dois irmãos em vez de uma irmã, poderíamos pensar que uma paciente, professora em Saint-Cloud, reconheceria como sua uma sessão em que faz certas associações e conta um sonho. Apesar disso, sempre me perguntei se nossos pacientes, que nos ajudam a escrever e a pensar a clínica, reconheceriam em nossos escritos não um fragmento de análise, mas algo da intimidade e da singularidade de sua própria trajetória privada.

Não tenho certeza. Da mesma maneira, será que a heroína de Kawabata, "a jovem de dezesseis anos", reconheceu sua própria história no romance? Isso não é dito no livro, onde ela é reconhecida por outra. Mas o que a outra reconhece se refere a detalhes objetivos, não sendo justamente o que a mulher vivencia em sua própria essência. Entre outras coisas, ela nunca se sentiu vítima do amor de Yoki, mas apaixonada, mantendo sempre esse amor vivo nela...

Numa instituição de atendimento clínico, algumas primeiras consultas eram gravadas e filmadas. Dizia-se isso aos pacientes, explicando-lhes que a gravação era confidencial e ficava arquivada. Após uma longa psicoterapia psicanalítica, uma paciente se lembra dessa gravação e a solicita ao seu analista, que, aborrecido, vem falar comigo. Nós nos reunimos, o médico-chefe, eu como coordenadora da equipe e o psicanalista. A solicitação da paciente era interessante: ela queria se lembrar de como era "antes", sabendo que havia mudado muito, profundamente; queria resgatar "o que era antes".

Depois de longas discussões, propomos à paciente ver a gravação no Instituto, com o seu analista. Se desejasse, poderia então ficar com uma cópia. O que esta paciente queria resgatar me parecia ser da ordem da identidade profunda, vindo ao encontro de um questionamento meu: o que realmente sabemos de nossos pacientes? E o que contamos sobre eles?

Acontece que, devido à minha longa carreira, tive a oportunidade de tratar certos pacientes que eram ou vieram a ser personagens públicos. A presença deles na televisão, por exemplo, durante uma entrevista, sempre me surpreendeu muito; eu "não os reconhecia", dizendo-me que "não era ele, ou ela". Compreendi isso como uma dificuldade de integrar um fragmento da realidade do paciente que não entrava no "romance psicanalítico" que eu fazia dele. Todos nós sabemos, no entanto, que vemos de nossos pacientes apenas o que eles quiserem nos mostrar, mas costumamos nos esquecer disso.

Acredito que não escapamos do fato de criar, a partir da clínica, "ficções". "Ficção" não quer dizer "falso", mas implica a ideia de uma distância necessária. A meu ver, este *trabalho de transformação* está ligado ao próprio fato narrativo. A questão é saber como essa passagem obrigatória por uma ou mais ficções pode também nos ajudar, no trabalho clínico cotidiano, a encontrar alguma coisa de uma "verdade" que diga respeito ao paciente. Poderíamos pensar que, graças às nossas ficções, que *traduzem e transcrevem* algo íntimo que o paciente não sabe pôr em palavras, nós o ajudamos a criar o seu próprio romance?

A questão de pôr em palavras me leva a refletir sobre outra "tradução" que se efetua na própria pulsão, uma vez que se trata de "transcrever" do somático para o psíquico. De acordo com a definição freudiana da pulsão, o corpo impõe um trabalho ao psiquismo. A relação entre o somático e o psíquico é uma relação de "delegação".

A energia vem do corpo, já a representação vem da percepção, sendo então necessários o encontro e a ligação desses dois elementos. No entanto, nem mesmo esta resposta resolve a ambiguidade fundamental da noção de delegação[2]. Se a exigência imposta ao psiquismo vem do corpo — como eu tenderia a pensar na minha perspectiva psicossomática — a força pulsional é que geraria, em sua busca, a representação.

A origem seria, portanto, um imperativo econômico. Onde se dá, então, a passagem qualitativa? No capítulo V do *Discours vivant*, André Green propõe claramente a seguinte alternativa: origem econômica ou origem simbólica, "a origem das representações deveria ser buscada numa ordem

---

[2] A noção de delegação é empregada por Freud no âmbito de sua definição do conceito de pulsão. De fonte somática, a pulsão delega seus representantes ao psiquismo.

simbólica, como equivalentes endopsíquicos das percepções externas, fantasmas de percepções, ou seja, traços fantasiados. Freud não escolhe claramente nenhuma dessas duas concepções"[3].

Parece-me que deveríamos conceber uma formulação mista assim: origem econômica e busca na ordem simbólica. Podemos imaginar *uma série de operações mutáveis de "decodificação ou tradução"* que vai do mais orgânico ao mais psíquico, sendo o mais psíquico a representação de palavra. Relaciono isso com o que Pierre Marty chamou de "qualidade da mentalização"[4]. Esta qualidade deve ser apreciada conforme três eixos: a espessura, a fluidez e a permanência.

A mudança de tópica em 1923 traz, em relação à representação e, consequentemente, em relação à exigência de trabalho psíquico, uma questão crucial. Assistimos, de fato, a um declínio do conceito de representação em proveito da noção de moção pulsional. Ora, essa virada para o econômico envolve uma promoção do afeto que é nova no pensamento de Freud. O deslocamento da ênfase da representação para o afeto é considerável, e suas implicações clínicas, imensas. Com certos pacientes — entre os quais os pacientes somáticos, embora estes não sejam os únicos —, todo o trabalho da análise se concentrará no acesso aos afetos e na sua metabolização.

Nas análises das psiconeuroses, o fio condutor que nos possibilita o acesso ao material inconsciente é a livre associação. É preciso ouvir os materiais latentes e interpretá-los, transcrevê-los em conteúdos manifestos. No trabalho analítico com pacientes não neuróticos, neuroses atuais, casos limítrofes e somáticos, deparamo-nos frequentemente com uma "não associatividade". O discurso não é ou deixou de ser "vivo", o funcionamento psíquico pode se revelar operatório, os afetos estão aparentemente ausentes. Não

---

3 GREEN, A. *Discours vivant*. Paris: PUF, 1973, p. 229.
4 MARTY, P. *Mentalisation et psychosomatique*. Paris: Les Empêcheurs de Tourner en Rond, 1991.

há uma elaboração da energia psíquica, que se manifesta mais por atos ou, como propomos, através do soma. Não identificamos nenhuma resistência, nenhum derivado do recalcado, nenhuma formação de compromisso; é como se não houvesse conflito entre forças psíquicas que se opõem. Em muitos casos, o único fio condutor é a angústia, afeto de angústia, como diz Freud. Afeto de desprazer, a angústia é uma fuga diante da libido, da qual é uma saída e uma alteração ao mesmo tempo. Como não posso entrar aqui na questão complexa das relações da angústia com as instâncias, direi simplesmente que o lugar da angústia, como afeto, é o pré-consciente e depois, em princípio, o eu. Um rudimento de afeto inconsciente pode aparecer assim transformado em angústia. O trabalho da análise e o jogo trânsfero-contratransferencial podem qualificá-lo e lhe dar um status de verdadeiro afeto. Isso se dá mediante as construções do psicanalista, que põe as imagens em palavras, tratando-se também, aqui, portanto, de "traduzir e transcrever".

No *Discours d'un philosophe à un roi*, Diderot fala da tradução, e suas palavras me parecem próximas da minha ideia do que seja um trabalho psicanalítico: "Só existe um meio de traduzir fielmente um autor de língua estrangeira para a nossa língua: ter a alma bem penetrada pelas impressões recebidas e só estar satisfeito com a tradução quando ela despertar as mesmas impressões na alma do leitor... mas isso sempre é possível?"[5].

---

5   DIDEROT, D. Discours d'un philosophe à un roi. *Miscellanea philosophiques*. Paris: Vrin, 1774.

15
A escrita do marquês de Sade

A orquestra do Moulin Rouge
Ser músico no Moulin Rouge leva ao alcoolismo ou então à loucura, contava um paciente gravemente deprimido ao médico que teve de hospitalizá-lo. Após alguns anos de dificuldades materiais, esse artista criativo, mas em situação de necessidade, recebeu a oferta de ocupar uma vaga muito confortável de violinista na orquestra do famoso cabaré.

Duas vezes por dia, trezentas e sessenta e cinco vezes ao ano, ele tinha de executar a mesma partitura sem nunca modificar uma única nota, pois cada nota tinha uma função precisa para o desenvolvimento de figuras realizadas pelo corpo de bailarinos. Essa eterna repetição do idêntico, segundo ele, tinha graves repercussões sobre o psiquismo dos executantes, reduzidos a não serem mais que as engrenagens de um conjunto espetacular que extraía sua glória de sua capacidade de se repetir incansavelmente. A sublimação dos artistas é posta a serviço de uma pulsão de morte paradoxal: para manter o todo, ela destrói os elementos que a compõem. Este homem descrevia uma lenta corrosão das faculdades imaginativas compensada, por um tempo, por uma ingestão de álcool que passou a ser compulsiva.

Esse recurso não conseguiu impedir o sono sem sonhos, a dolorosa apatia matinal, o abatimento pela depressão, seu cortejo de insônias, angústias e tentações suicidas obcecadas.

Coerção externa que invade o mundo interno e faz perder de vista a parte do sublimado e seu objeto?

Esta história coloca a questão das relações contraditórias entre a criação artística ou literária, a compulsão e a sublimação.

Crônica de uma loucura depressiva

Num livro recente, o grande romancista estadunidense William Styron relata na primeira pessoa a crônica de uma descida ao inferno. *Perto das trevas* é o título desse pequeno livro autobiográfico. Documento clínico que chama a atenção por sua precisão e autenticidade, o relato de um episódio depressivo adquire, pela pena de um escritor de talento, uma qualidade surpreendente. Esse texto não trata de psicanálise, mas o autor se interroga com inteligência sobre as relações entre escrita e sofrimento psíquico. Lembra-se de muitos de seus amigos e colegas, Albert Camus, Romain Gary, Primo Levi, notando com pertinência e lamentando o quanto chegou a se sentir alheio às dores morais desses homens.

Durante mais de cinquenta anos ignorou esse tipo de dificuldades internas. Padecer um dia de depressão parecia-lhe inimaginável. Mas ela o venceu no apogeu de sua carreira, após um abandono forçado da bebida que, de repente, não suportou mais e, pouco depois, a obtenção de um honroso prêmio literário. Styron não se perde em vãs conjeturas sobre as origens ou causas que desencadearam sua doença, mas percebe com verdadeira estupefação que a desordem psíquica e a submersão melancólica se destacavam em todas as suas obras escritas anteriormente. Confessa que nunca tinha refletido sobre a dimensão inconsciente de seu trabalho. Mas, depois de curado, constata o quanto a depressão manteve-se oculta em sua criação; três de seus heróis deram fim aos seus dias. Ao reler seus próprios romances, fica atônito com o grau de minúcia com que soube descrever os caminhos que conduzem ao abismo, a paisagem da depressão.

Nesse ponto, a análise de William Styron se baseia na ideia de seu combate contra a górgona[1] mórbida graças à escrita e através da escrita. O inimigo que ele conseguiu manter à margem de sua vida se manifestou em sua criação: "Assim, quando finalmente se abateu sobre mim, a depressão não era absolutamente uma estranha para mim, tampouco uma visitante chegada de improviso; fazia décadas que arranhava minha porta".

Sublimação, compulsão a escrever e o texto literário
As relações entre o mundo interno de um sujeito, a cotidianidade de sua vida e a escrita são de uma complexidade extrema. A redação comum é fundamentalmente diferente da composição literária? Essa distância é medida pelo destinatário. Se a primeira pode ser um simples objeto de estudo, a segunda, a meu ver, tem de ser, sobretudo, objeto de prazer. Refiro-me aqui ao prazer do leitor. O gozo ou a necessidade do escritor são provavelmente de outra ordem. Precisa-se, no entanto, de uma combinação desses dois polos para que surja uma criação. A força de irrupção das palavras, o êxito da expressão baseiam-se tanto num código estilístico quanto na capacidade de representar, de teatralizar. Na tragédia antiga, a catarse é a do espectador, não a do ator, assim como o texto literário opera na ordem fantasmática do leitor. Um livro pode nos fazer viver com seu autor, "o que não quer dizer realizar suas sugestões". Trata-se, aponta Roland Barthes, "de fazer passar para a nossa cotidianidade fragmentos de inteligível que surgem do texto admirado; trata-se de falar esse texto, não de atuá-lo, deixando-lhe a distância de uma citação"[2].

---

[1] N.T.: Górgona ou górgone, da mitologia grega, cada uma das três irmãs (Esteno, Euríale e Medusa), com serpentes no lugar de cabelos, cujo olhar petrificava todos aqueles que as encaravam.
[2] BARTHES, Roland. Préface. Sade, Fourier, Loyola. Paris: Seuil, 1971.

Saborear o gozo da escrita do outro implica mais uma partilha imaginária do que a realização de uma finalidade inconsciente do escritor. Ao lermos romances como *As confissões de Nat Turner* ou *Longa caminhada*, é difícil pensarmos que William Styron não procura absolutamente transmitir aquilo que quer, justamente, manter à distância. Qual é a parte da sublimação? Qual é a parte de uma compulsão a escrever nesse processo? A modificação que afeta supostamente o processo pulsional da sublimação está relacionada à meta, ao objeto da pulsão ou aos dois? Como avaliar o parâmetro de nossos critérios sociais e culturais?

Essas incertezas são clássicas de um ponto de vista metapsicológico. Tornam-se banais no campo da psicanálise aplicada. Se há uma área na qual esses limites me parecem ainda mais difíceis de determinar é certamente o da literatura erótica, em que se coloca precisamente o problema do deslocamento. Tomarei como exemplo a obra do marquês de Sade. Deter-me-ei um pouco na vida do escritor, menos para apoiar-me nos fatos históricos do que para procurar as relações obscuras que se tecem entre uma vida e uma obra. O exemplo da depressão tardiamente reconhecida pelo romancista William Styron me levou a um questionamento sobre a função da escrita em sua dupla relação com a forma e com os conteúdos. O estilo determina a composição e as modalidades criativas; já o objeto pode se tornar opaco para o seu autor. No texto erótico, cru, o que mascaram os aparentes não deslocamentos? Sade passou a maior parte de sua existência fechado, escrevendo por escrever. Pode-se ser ameaçado pela loucura e protegido por ela. Pode-se ser louco por pensar a loucura ou pensá-la para não ficar louco. Não me parece que as relações do marquês de Sade, o homem, com a perversão sexual à qual seu nome permanece ligado possam ser entendidas senão a partir de sua necessidade de escrever. Ao transgredir a moral da época, Sade não evitou a lei. Preso, submeteu-se a esta, o que lhe abriu — em reclusão — o espaço da escrita. Sua ambição e seu desejo eram escrever tudo sem contenção, sob pena de sacrificar sua própria liberdade. Na correspondência com sua mulher, nunca deixou de reivindicar o direito de escrever, mesmo que empenhasse a vida nisso. O que caracteriza a perversão não é a prática isolada, mas a incapacidade de agir de outra forma. A repetição alienada não consegue ocultar a frustração do inacabamento. Destinado a ser lido, o texto me parece, por outro lado, proceder de uma pulsão sublimada, na medida em que reintroduz princípios e interdições que censuram talvez não o conteúdo, mas a forma.

O marquês de Sade

Apelidado por muitos de "o divino marquês", qualificado por outros como "demoníaco", Sade se revela humano, desesperadamente humano em seus velhos hábitos[3]. Muito antes de Freud, ele afirma o sexual como fundamento do psiquismo: "Nascemos para fornicar", escreve. No entanto, a maior parte de sua existência será consagrada ao texto: vicissitudes ligadas às circunstâncias históricas ou organização de sua vida ditada pelas forças inconscientes?

Donatien Alphonse François, futuro marquês de Sade e senhor de Lacoste, nasceu em Saint-Germain-des-Prés, no hotel de Condé, em 2 de junho de 1740. O conde de Sade, seu pai, havia tido um passado libertino e, quinze anos antes, havia sido preso nas Tulherias por abordagens homossexuais. Correspondia-se com Voltaire. A mãe era próxima dos príncipes de Condé. Aos quatro anos de idade, Donatien Alphonse François foi enviado a Provença, onde passou seis anos ao lado do tio, o abade de Sade, erudito, compilador de Petrarca e também libertino. Posteriormente, o jovem Donatien foi educado pelos jesuítas, antes de se tornar capitão de cavalaria. Em 1763, casou-se com Renée Pélagie de Montreuil, filha de um presidente da *Cour des aides*[4]. Levava uma

---

3   AXELOS, Kostas. Onze remarques critiques sur le marquis de Sade. *Avant-Livre*. Caïron, Normandie, 1992.
4   N.T.: Corte soberana do Antigo Regime responsável por matérias fiscais.

vida dissoluta, marcada por escândalos, tendo sido encarcerado pela primeira vez, por um breve período, em 1768, após ter flagelado uma viúva, Rose Keller, no domingo de Páscoa.

O marquês dava muitas recepções em Lacoste, endividou-se e foi ameaçado de confiscos. Após uma orgia com quatro prostitutas, foi condenado à morte por sodomia pelo tribunal de Aix-en-Provence, fugiu para a Itália e foi então executado *em efígie*[5]. Donatien Alphonse François de Sade escapou das buscas, voltou para Lacoste, onde organizava orgias diversas das quais também participa a marquesa. Foi para visitar sua mãe moribunda que assumiu o risco de vir a Paris, onde foi detido e preso em Vincennes em 1777. A condenação da corte de Aix-en-Provence foi anulada, mas o marquês permaneceu sob o jugo de uma ordem real.

Os doze anos seguintes foram consagrados à leitura e à escrita. Ele redigiu poemas, contos, uma comédia, diálogos filosóficos, uma tragédia, *Jeanne Laisne*, e iniciou *Os 120 dias de Sodoma*. Em 1784, foi transferido para a Bastilha, onde terminou *Os infortúnios da virtude* e *Aline e Valcour*. Nos primeiros dias do mês de julho de 1789 discursou para passantes e prisioneiros, sendo transferido então para Charenton, oito dias antes da tomada da Bastilha, ocorrida em 14 de julho. Em março de 1790, um decreto da Assembleia aboliu as ordens reais. Liberto, Sade se tornou um cidadão ativo que frequentava círculos políticos e um homem de teatro com muitas peças encenadas: "O que sou no presente? Aristocrata ou democrata? Digam-me, por favor, porque não sei de nada", perguntou-se. Foi nomeado secretário de sua seção, depois fiscal dos hospitais e chefiou uma delegação na Convenção Nacional.

Depois do assassinato de Marat, publicou *Alocuções aos espíritos de Marat e de La Pelletier*. Foi preso em 1793 por moderantismo; um ano mais tarde, um requisitório famo-

---

5   N.T.: A *execução em efígie* era uma encenação da pena de morte, que ocorria quando um indivíduo fugia da Justiça e não podia ser capturado. A pena era aplicada a uma representação do condenado (um retrato, um manequim de palha, etc.). Ocorreram até o início do século XIX.

so de Fouquier-Tinville exigiu a execução capital de vinte e oito acusados, entre eles Sade, mas os acontecimentos sucedidos no dia 9 de termidor (28 de julho de 1894) levaram à queda de Robespierre. O cidadão Sade foi então libertado. Passam-se cinco anos durante os quais ele se debateu entre a miséria e as dificuldades administrativas. Escreveu *A filosofia na alcova* e publicou *A nova Justine ou as desgraças da virtude*, seguido de *A história de Juliette ou as prosperidades do vício*.

O general Bonaparte tomou o poder no 18 de brumário (1799). Sade continuou escrevendo e publicou, entre outros, *Os crimes do amor*, *As desgraças da libertinagem*, artigos para os jornais. Foi questionado tanto por sua literatura quanto por suas intrigas políticas passadas. O retorno dos emigrantes e a nova ordem moral instituíram as denúncias nominais, e, condenado mais uma vez, foi preso em março de 1801. Encarcerado em Sainte-Pélagie, foi transferido para Bicêtre e depois, em 1803, para Charenton, onde continuou se dedicando à escrita e organizou representações teatrais no interior do hospício. Morreu ali, em dezembro de 1814, deixando para a posteridade uma lenda, dezesseis volumes de *Obras completas* e um nome comum, "o sadismo", perversão sexual na qual a satisfação está ligada ao sofrimento ou à humilhação infligida.

Esse breve panorama biográfico de uma existência longa (do Antigo Regime ao Império) e tumultuada me parece mostrar como Sade foi essencialmente um escritor que colocou um pouco de sua obra em sua vida, e não um simples pervertido que teria descrito suas práticas perversas em minúcias e que soube provavelmente se proteger do escândalo e da justiça. Fazer-se encarcerar equivale a manter distância dos lugares da realização perversa, deixando apenas a via da escrita. Os atos que levaram Sade à Bastilha podem ser assimilados a provocações masoquistas que visam a impedir a prática e permitem a pressão vinda de uma falta. Neste caso, a ausência compele à simbolização.

O conjunto dos textos de Sade se organiza em duas partes: uma oficial, clássica, enciclopédica e outra subversiva, erótica e esotérica. Nisto o autor não faz mais que seguir a tradição dos eruditos do século XVII e de seus sucessores, na época do Iluminismo, que reservavam a seu círculo íntimo parte de seus textos. Sob a Revolução foram publicados manuscritos materialistas ou pornográficos que tinham permanecido clandestinos até então. Na época, o próprio Diderot conservava com ele *O sonho de d'Alembert*, onde é feita uma reflexão sobre a sexualidade que prefigura o que Sade levará ao extremo, fazendo, por sua vez, do erotismo uma teoria.

O marquês de Sade joga com todas essas correntes, passando do privado ao público, do oculto ao superlativo como se o divertisse transgredir continuamente. Essa busca da dimensão lúdica me parece ser o próprio antônimo da perversão. Acredito que a única paixão de Sade tenha sido o teatro. Jogar a ser perverso, querer sê-lo, expressá-lo e escrevê-lo comportam uma dimensão que supera o ordinário na perversão. A ideia segundo a qual doze anos de reclusão na Bastilha seguidos de mais onze no hospício de Charenton teriam transformado um fidalgo depravado em homem de letras pode parecer hoje muito fantasiosa. A meu ver, Sade foi triplamente censurado: como aristocrata que, num período atribulado, questionou os seus; como moderado, pelos revolucionários; como libertino, por todos. Não esqueçamos que, em 1957, o editor J.-J. Pauvert foi condenado pela publicação de *A filosofia na alcova*, *A nova Justine* e *Os 120 dias de Sodoma*, livros excluídos das *Obras completas* até então.

A maior injustiça da qual foi vítima o "divino marquês", constantemente desacreditado ao longo dos séculos, reside no fato de que, ainda hoje, seu nome permanece mais ligado ao ato do que à fantasia, à personagem do que à pessoa e à obra, aos conteúdos mais do que à escrita.

O fascínio mórbido do qual foi objeto se deve ao momento histórico, à época ou justamente a seu talento? A escrita pornográfica sempre existiu, mas são raros os textos desse tipo que revelam o escritor.

Loucura por escrever, valor literário, sublimação

Com os poucos dados biográficos que mencionei, meu objetivo era sublinhar a parte de loucura em D. A. F. de Sade, em quem a loucura por escrever e o gosto descomedido pela encenação são os elementos dominantes. Sem entrar nos detalhes de sua vida, basta imaginar que para se deixar encarcerar durante doze anos por ter sodomizado prostitutas é preciso ter certo senso do teatro e da publicidade como uma forma incontestável de masoquismo. Pode-se imaginar que a prisão foi para Sade um lugar para escrever. Da Bastilha, onde escreveu sem parar, enviava também muitas missivas a sua esposa, que lhe rogava para não comentar suas convicções antirreligiosas nas cartas. Ele respondeu que preferia morrer a não poder escrever o que quisesse. Após a Revolução, em 1801, foi ainda por ter escrito um panfleto contra Bonaparte que foi denunciado e preso novamente.

O propósito aqui não é aventar hipóteses sobre a neurose do marquês. Certamente outros já o fizeram. Em seu prefácio a *Franceses, mais um esforço...*[6], Maurice Blanchot foi o primeiro a mencionar a loucura por escrever. "Escrita insurreta" da qual M. Blanchot faz uma "necessidade incontrolável" que não serena. Sade quer ter o direito de dizer tudo, de escrever tudo, essa é sua reivindicação fundamental. A solidão do calabouço aparece aqui como o enquadre necessário para a liberdade de pensar, instituída como uma regra que induziria a regressão indispensável ao desenvolvimento fantasmático.

Esse fidalgo provençal detestava o mar, que devia ter visto quando criança. Confessava que lhe dava medo. Se seus heróis viajam muito, é sempre para se enclausurarem de-

---

6   D. A. F. de Sade, Ed. J. -J. Pauvert: este texto famoso, *Franceses, mais um esforço...*, figura em *A filosofia na alcova*. Nele, Sade preconiza a destruição da família pela sistematização do incesto e uma liberdade sexual ilimitada.

trás de muros fechados e secretos, dos quais, sob pena de morte, é proibido fugir. A redução do espaço-tempo se torna, como no teatro clássico, a condição do desenvolvimento imaginário. Em Sade, sempre há várias cenas e vários relatos que se articulam conforme regras específicas. Tomemos *Os 120 dias de Sodoma*, obra lúgubre, por assim dizer, entre os romances do marquês. (A obra romanesca é muito variada; um texto como *Aline e Valcour*, por exemplo, revela-se, por outro lado, de um grande classicismo na linha do romance moral e filosófico).

O enredo é simples: quatro amigos libertinos, o duque de Blangis, um financista chamado Durcet, o presidente de Curval e o bispo, irmão do duque, são pais incestuosos que se casam cada um com a filha do outro e começam a cedê-las aos outros três, sempre mantendo seus direitos. Assim, cada um possui sua filha, sua esposa e as dos outros dois. Além de sua mulher, cada personagem escolhe com cuidado e a seu gosto um harém com pessoas dos dois sexos em igual número. O projeto dos quatro amigos consiste em ir a um lugar inviolável para vivenciarem ali, durante cento e vinte dias, todos os excessos do gozo da sodomia. Os preparativos levam um ano. Oito meninas muito jovens são escolhidas entre cem beldades, todas sequestradas de suas famílias ou dos conventos para essa finalidade, porque não deviam consentir com o plano e deviam ser muito nobres e bem-educadas. Da mesma forma, oito jovens deviam ser de bom berço, elegantes e cultos. Também é preciso recrutar oito copuladores bem-dotados e com uma potência pouco comum, além de quatro serviçais escolhidas entre muitas por sua feiura e depravação. Uma parte importante na organização dessa luxúria sistemática será dedicada ao prazer de escutar:

> É admitido entre os verdadeiros libertinos que as sensações comunicadas pelo órgão do ouvido são as que lisonjeiam mais, sendo suas impressões as mais vivas... Em consequência, nossos quatro cana-

lhas, que queriam que a volúpia se impregnasse em seus corações tão longe e profundamente quanto ela pudesse penetrar, tinham, com esse objetivo, imaginado algo bem peculiar... Tratava-se de fazer contar, nessa situação, com os maiores detalhes e por ordem, todos os extravios dessa libertinagem, todas as suas ramificações, todas as suas derivações, em suma, o que chamamos em língua de libertinagem de todas as paixões...

Para isso são contratadas quatro atrizes também chamadas de "as historiadoras" que conjugam o talento do relato à experiência da libertinagem e a uma boa dose de vivacidade também, uma vez que deverão desempenhar as funções de coro e de memória.

As modalidades de escolha e as características dos trinta e dois membros do grupo assim constituído são minuciosamente descritas. O lugar escolhido, modelo da fantasia, é o castelo de Silling, verdadeiro refúgio retirado e solitário: "o afastamento e a tranquilidade são veículos poderosos da libertinagem". Para chegar até ali, é preciso passar pela cidade da Basileia, atravessar o Reno e se embrenhar na Floresta Negra por uma rota difícil e intransitável sem guia. Cercado de precipícios naturais, quando a ponte de madeira é levantada, o castelo é inacessível. Além disso, está rodeado por um muro de trinta pés. Além do muro, um fosso muito profundo e cheio d'água protege também esse castelo muito silencioso, cujos detalhes arquitetônicos são todos descritos. Sade constrói as personagens e depois a cena como se fosse uma tragédia antiga.

Segundo ato. Começa a peça propriamente dita. Composto de quatro partes, o texto se ordena de forma rigorosa. Cada capítulo corresponde a um mês, sendo descrito o decurso de cada dia, com as refeições e os cardápios incluídos. As paixões são classificadas: simples ou de primeira classe, de segunda classe ou duplas, criminais ou de terceira classe, mortíferas ou de quarta classe. Os relatos entrecruzados seguem uma gradação dramática. Assim, o título da última parte é "As 150 paixões mortíferas ou de quarta classe, compondo 28 dias de fevereiro, cobertas pelas narrações de La Desgranges às quais é anexado o diário exato dos eventos do castelo durante esses meses...".

Algumas notas manuscritas nos mostram que Sade fala consigo mesmo e se trata de "o senhor": "Não se afaste em nada desse plano: tudo está combinado várias vezes com a maior exatidão... Suavize muito a primeira parte: tudo se desenvolve muito... Recapitule com cuidado os nomes e as qualidades das personagens que nossas historiadoras nomeiam para evitar repetições...". Mais adiante: "Em geral, apresente Curval e o duque como canalhas fogosos e impetuosos; foi assim que o senhor os retratou na primeira parte. E pinte o bispo como um depravado frio, racional e insensível. Durcet deve ser zombeteiro, falso traidor e pérfido. Faça-os fazer, depois disso, tudo o que for compatível com esses caracteres...". Sade trabalha com um caderno de personagens e de plantas do Castelo, cômodo por cômodo, para visualizar melhor e encenar. Sente-se o homem de teatro às voltas com uma trama complexo. (A unidade de tempo e de lugar é a regra que permite as incursões no passado e a fantasia. O tempo da ação dosa as pausas para os relatos dentro do relato. A narração vai se tornando cada vez mais densa e alusiva, num crescendo de horror.)

As trezentas e oitenta páginas publicadas de *Os 120 dias de Sodoma* começaram a ser escritas em 22 de outubro de 1785 e foram finalizadas em trinta e sete dias. Furor de escrever que devia vir das entranhas do marquês: assim que terminou, lançou-se sem demora num romance filosófico de oitocentas páginas. Parece que escrevia em pequenos folhetos de doze centímetros de largura que ia colando um ao outro pelas margens para que formassem uma faixa que pudesse ser enrolada. Pequenos rolos de vários metros que ele conseguia assim disfarçar. Abandonado em sua cela da Bastilha, quando Sade foi transferido para Charenton, o manuscrito de *Os 120 dias de Sodoma* foi encontrado ali, guardado por um particular e depois vendido a um colecionador de livros alemão.

Deixando de lado o aspecto muito cru do tema, que exerce intencionalmente um fascínio mórbido sobre o leitor arrastado para longas descrições de figuras eróticas e de suplícios variados, a estrutura narrativa do romance não deixa de lembrar grandes clássicos como *As mil e uma noites* ou *O Decamerão*, de Boccaccio, obras que Sade possuía.

O estilo do marquês de Sade é muito belo. A precisão da palavra e a elegância da frase permitem uma leitura fácil que, embora não seja sempre excitante, curiosamente, nunca se torna verdadeiramente enfadonha. Isso se deve, a meu ver, a uma qualidade real da escrita que consegue fazer do uso da repetição nas descrições minuciosas ou das enumerações uma regra estilística. As repetições sucessivas conseguem produzir um efeito novo pelo tensionamento da expectativa. Na perversão, a eterna repetição de uma cena idêntica, aquela que deve provocar o gozo, é possivelmente vivida com essa mesma expectativa do novo, de um gozo um pouco diferente do anterior. Os pacientes perversos sexuais contam às vezes essa busca desenfreada por algo que nunca foi sentido, frequentemente ignorado pelo exterior, tanto o acúmulo do que é igual nos parece repetitivo. Não seria essa capacidade de restituir esse duplo aspecto da repetição que faz de Sade um escritor da perversão e não um perverso que escrevia?

Em Sade, as versões do mesmo se sucedem, mas sempre deixam entrever outras. Perguntei-me se esse fato não se deveria essencialmente a uma dimensão metafórica da expressão de Sade. Mesmo quando o assunto é escabroso, erótico, até escatológico, a frase deixa espaço para a fantasia. Assim, uma ereção é "majestosa", "generosa", "ardente". Uma verga faz nascer na mente do autor "a ideia desses jovens arbustos desprendidos do galho que curva um instante sua copa para o sol". Os retratos, sempre precisos para descrever os defeitos, tornam-se vagos para deixar imaginar uma beleza que Sade evita claramente descrever: "Os traços do próprio Amor não eram decerto mais delicados e os modelos nos quais Albano foi escolher os traços de seus anjos divinos eram decerto bem inferiores"[7]. A escrita do marquês representa, encena, teatraliza, sempre deixando espaço para o virtual. Meticuloso na organização do espaço da libertinagem, o estilo se torna elíptico quando se encaminha para a ação. À medida que aumenta a gradação que conduz do erotismo à tortura e ao crime, os quadros e as figuras se tornam mais irreais, produzindo sobre o leitor um efeito de inquietante estranhamento.

Loucura por escrever, como diz Maurice Blanchot, compulsão a escrever, existência confinada na qual a escrita se torna necessidade, pressão interna a encenar pela escrita, a criar um imaginário em que a sublimação, acredito eu, tem sua participação. Pode-se dizer, com efeito, que aqui falta o deslocamento? Este existe na metáfora da escrita, que dá ao objeto sexual cru um espaço lúdico ou teatral. Os temas da regra, da lei, da clausura e da punição atormentaram a vida de Sade tanto quanto sua obra, na qual a escrita, mesmo compulsiva, ordena níveis e cenas distintos. O trabalho de escrita restabelece aqui o equivalente do diálogo entre as instâncias e a tópica psíquica.

Compulsão criativa?
No colóquio de junho de 1969 sobre o tema da compulsão à repetição, foi mencionado, como fazendo parte dela, a necessidade de assistir ao espetáculo trágico. O teatro já havia sido citado por André Green como uma cena por trás da qual se exerce a repetição. Michel Fain, por sua vez, comentou essa dimensão da cena trágica que eclipsa o ideal do eu individual para subjugar os espectadores e reuni-los numa multidão erótica. Os laços históricos entre as cenas e a cena sexual são evidentes. A sexualidade humana não seria também perse-

---

[7] Tradução a partir do original: *Cent vingt journée de Sodomes*. Ed. Gallimard, p. 48.

guida por uma repetição que, quando se instala, altera o equilíbrio pulsional entre libido e pulsão de morte? Regressão libidinal e derivação do sadismo na controvérsia se tornam, assim, indispensáveis para a conservação. Lembremos aqui que, ao longo de toda sua vida, D. A. F. de Sade nunca deixou de renegar Deus, e o único erro que ele não pôde perdoar ao homem foi não ter feito do incesto a lei de todo governo. Ao afirmar que Deus não existe, põe em risco sua própria existência e descreve, antes de qualquer outro, as estruturas elementares do parentesco para negá-las e invertê-las.

Compulsão a pensar contra uma ordem estabelecida que essa mesma compulsão não deixa de implicar. Fora a sublimação ligada ao trabalho da escrita, essa constante repetição deixa entrever a relação sempre dialética entre compulsão à repetição e impulso inovador. Em toda retomada incansável há também uma busca de absoluto, de inesperado.

Referências

AISENSTEIN, M. Solution psychosomatique. Issue somatique. Notes cliniques: L'homme de Birmanie. *Les Cahiers du Centre de Psychanalyse*, n. 14, p. 73-99, 1987.

AMAR, N.; BAYLE, G.; SALEM, I. *Formation au psychodrame analytique*. Paris: Dunod, 1988.

ARENDT, H. *Eichmann à Jérusalem*. Paris: Gallimard, 1963. [Folio].

ARENDT, H. *La vie de l'esprit, la pensé*. Paris: PUF, 1993, t. I.

AXELOS, K. Onze remarques critiques sur le marquis de Sade. *Avant-Livre*. Caïron: Normandie, 1992.

BARANDE, R. Le probléme de la régression, Rapport au Colloque de Deauville. *RFP*, n. 4, Gjuillet-aofit, 1966, t. 30.

BARTHES, R. *Sade, Fourier, Loyola*. Paris: Ed. du Seuil, 1971.

BATAILLE, G. *Le bleu du ciel*. Paris: Gallimard, 1971, t. III.

BLANCHOT, M. *La raison de Sade*. Paris: Editions de Minuit, 1963.

BLANCHOT, M. *L'entretien infini*. Paris: Gallimard, 1969.

BLANCHOT, M. *Sade et Restif de La Bretonne*. Paris: Complexe, 1986.

BORGES, Jorge Luis. *L'Aleph*. Trad. R. Caillois. Paris: Gallimard, 1967.

BOTELLA, C. et S. *La problématique de la régression formelle de la pensée et de l'hallucinatoire*. Paris: PUF, 1990, p. 63-90.

BOTELLA, C. et S. *La psychanalyse, questions pour demain*. [Coll. des Monographies de la RRP].

BRAUNSCHWEIG, D.; FAIN, M. *La nuit, le jour*. Paris: PUF, 1975.

BRUSSET, B. Comment le psychodrame peut-il étre et rester psychanalytique? *Adolescence I*, 1983, p. 165.

CIORAN, E. M. *Précis de décomposition*. Paris: Gallimard, 1949.

DIATKINE, G. Danger de mort. *RFP*, 3, 1988.

DUPARC, F. *L'élaboration en psychanalyse*. Ed. L'Esprit du temps, 1998.

FAIN, M. *Le désir de l'interprète*. Paris: Aubier-Montaigne, 1982.

FAIN, M. Colloque de Deauville, Introduction. *RFP*, 3, 1983, p. 709.

FAIN, M. Psychanalyse et psychosomatique. *RFP*, 3, maio-jun. 1990, p. 625.

FEDER, F. Le mythe de la genèse. A propos des stérilités feminines: psychosomatique ou psychosomatisme. *RFP*, 3, p. 689-704, 1990.

FREUD, S. (1914) Remémoration, répétition, perlaboration.

FREUD S. (1920) Au-delã du principe de plaisir.

FREUD, S. *Trois essais sur la théorie de la sexualité*. Trad. B. Reverchon. Paris: NRF, 1931.

FREUD, S. (1926) *Inhibition symptéme et angoisse*. Paris: PUF, 1965.

FREUD, S. (1915) Pulsions et destin des pulsions. *Métapsychologie*. Trad. J. Laplanche et J.-B. Pontalis. Paris: Gallimard, 1968.

FREUD, S. (1917) *Métapsychologie*. Paris: Gallimard, 1968. [Coll. Idées].

FREUD, S. (1914) Pour introduire le narcissisme. *La vie sexuelle*. Paris: PUF, 1969.

FREUD, S. Le problème économique du masochisme. *Psychose, nevrose et perversion*. Trad. Laplanche. Paris: PUF, 1973.

FREUD, S. (1910) Le trouble psychogéne de la vision dans sa conception psychanalytique. *Psychose, névrose et perversion*. Trad. J. Laplanche. Paris: PUF, 1973.

FREUD, S. (1913) La prédisposition, la névrose obsessionnelle. *Névrose, psychose et perversion*. Paris: PUF, 1973.

FREUD, S. (1917) Introduction. *La Psychanalyse*. Paris: Payot, 1973.

FREUD, S. (1920) *Psychose, névrose et perversion*. Trad. J. Laplanche. Paris: PUF, 1973, p. 171.

FREUD, S. (1900) *Z 'interprétation des réves*. Paris: PUF, 1975.

FREUD, S. (1920) Au-dela du principe de plaisir. *Essais de psychanalyse.* Paris: Payot, 1981.

FREUD, S. (1933) *Nouvelles conférences d'Introduction a la psychanalyse.* Paris: Gallimard, 1984.

FREUD, S. Analyse avec fin et analyse sans fin. *Résultats, idées, problémes, II.* Trad. Laplanche. Paris: PUF, 1985.

FREUD, S. La negation. *Résultats, idées, problèmes II.* Trad. Laplanche. Paris: PUF, 1985.

FREUD, S. (1905) *Trois Essais sur la théorie de la sexualité.* Paris: Gallimard, 1987.

FREUD, S. (1924) Le probleme économique du masochisme. *Névrose, psychose et perversion.*

FREUD, S. (1933) *Nouvelles conférences d'introduction a la psychanalyse.* Trad. R. M. Zeitlin sur une Weltanschauung. Paris: Gallimard, 1987. [NRF].

FREUD, S. *Essais de psychanalyse.* Trad. Laplanche et Pontalis. Paris: Payot, 1987.

GARCÍA MÁRQUEZ, G. *L'amour au temps du choléra.* Grasset & Fasquelle, 1987.

GILLIBERT, J. *La fiction du psychodrame comme effet d'inquiétante étrangeté.* Monographie du Centre de Psychanalyse, 1991, p. 45-59.

GILLIBERT, J. *Le psychodrame de la psychanalyse.* Ed. Champ Vallon, 1985.

GREEN, A. *Le discours vivant.* Paris: PUF, 1973.

GREEN, A. (1984) *La pulsion de mort.* Paris: PUF, 1986.

GREEN, A. Narcissisme négatif, fonction désobjectalisante. *La pulsion de mort.* Paris: PUF, 1986.

GREEN, A. *La folie privée.* Paris: Gallimard, 1990.

GREEN, A. *Le travail du négatif.* Paris: Ed. de Minuit, 1993.

GREEN, A. *Le temps éclaté.* Paris: Éd. de Minuit, 2000.

GUEDENEY, C. Une psychothérapie... pour quoi faire? *Les Cahiers du Centre de Psychanalyse,* n. 18, 1989, p. 89.

HERRIGEL, E. *Le zen dans l'art chevaleresque du tir a l'arc.* Paris: Dervy Livres, 1953.

JANIN, C. *De la réalité de la séduction a la séduction de la réalité.* Lyon, 1987. [tiré a part].

KESTEMBERG, E.; JEAMMET, Ph. *Le psychodrame psychanalytique*. Paris: PUF, 1987.

KREISLER; FAIN; SOULÉ. *L'enfant et son corps*. Paris: PUF, 1974.

KRISTEVA, J. *Le génie féminin*. Paris: Fayard, 1999, t. I.

LAGERKVIST, P. *La sybille*. Trad. M. et G. de Mautort. Stock, 1982.

LIANADISSE. *Les Cahiers du Centre de Psychanalyse*, n. 20, printemps 90.

M'UZAN, M. de. Le travail du trépas. *De l'art de la mort*. Paris: Gallimard, 1977.

MARTY, P. *Les mouvements individuels de vie et de mort*. Paris: Payot, 1976.

MARTY, P. L'ordre psychosomatique. Paris: Payot, 1980.

MARTY, P. *L'ordre psychosomatique*, Paris: PUF, 1981.

MISHIMA, Y. *Madame de Sade*. Trad. do japonês por N. Miura. Versão francesa A. P. de Mandiargues. Paris: Gallimard, 1987.

POTAMIANOU, A. Le pulsionnel dans la compulsion de répétition. *Cahiers du Centre de Psychanalyse*, n. 25, 1992.

REVUE FRANCAISE DE PSYCHANALYSE. *Répétition et instinct de mort*. Paris: PUF, maio 1970.

ROLLAND, J.-C. *Guérir du mal d'aimer*. Paris: Gallimard, 1998.

ROSENBERG, B. *Masochisme mortifére et masochisme gardien de la vie*. Paris: PUF, 1991.

ROSENBERG, B. *Pouvoirs du négatif*. Ed. Champ-Vallon, Seyssel, 1988.

SADE, D. A. F. de. *Guvres completes*. Paris: Pauvert, 1986.

SADE, D. A. F. de. Correspondance du marquis de Sade et de ses proches enrichie de documents et notes et commentaires. Paris: Ed. Alice M. Laborde, 1991.

SCHUR, M. *La mort dans la vie de Freud*. Paris: Gallimard, 1972, chap. 21.

STYRON, W. *Face aux ténébres*. Paris: Gallimard, 1990.

URTUBEY, L. de. Quand une inquiétante réalité envahit le travail du psychanalyste. *RFP*, 2, 1982.

WINNICOTT, D. (1951) *Jeux et réalité*. Paris: Gallimard, 1975.

ZORN, F. *Mars*. Paris: Gallimard, 1979.

Agradecemos à Marilia Aisenstein, que de modo tão gentil e afetuoso, acolheu nossa ideia de publicar o livro e nos cedeu seus direitos autorais.

Publicações originais:
Capítulo 1 Aisenstein, M. (1992). De "l'art du tir à l'arc" à celui de la psychanalyse. In *Revue Française de Psychanalyse, 56*(2), 345-352.

Capítulo 2 Aisenstein, M. (2008). Contre la notion de psychothérapie psychanalytique. In D. Widlöcher (dir.), *Psychanalyse et psychothérapie* (pp. 119-132). Toulouse: ERES.

Capítulo 3 Aisenstein, M. (1999). Valeur économique et texture de la vie fantasmatique. In F. Duparc (dir.), *La censure de l'amante et autres préludes à l'œuvre de Michel Fain* (pp. 25-33). Lausanne: Delachaux et Niestlé.

Capítulo 4 Aisenstein, M. (1998). La deuxième rencontre. *Revue Française de Psychanalyse, 62*(1), 31-40.

Capítulo 5 Aisenstein, M. (2006). Deux pères, deux fils.... *Revue Française de Psychosomatique, 30*(2), 109-119.

Capítulo 6 Aisenstein, M. (1991). Entre psychanalyse et "besoin de guérison": le modèle du psychodrame ouvre-t-il une voie pour aborder des patients somatiques?. *Revue Française de Psychanalyse, 55*(3), 647-658.

Capítulo 7 Aisenstein, M. (2010). Petites marques du corps. *Revue Française de Psychosomatique, 38*(2), 7-16.

Capítulo 8 Aisenstein, M. (2010). Les exigences de la représentation. *Revue Française de Psychanalyse, 74*(5), 1367-1392.

Capítulo 9 Aisenstein, M. (1989). Au-delà de la désintrication. *Revue Française de Psychanalyse, 53*(2), 683-693.

Capítulo 10 Aisenstein, M. (1992). Des régressions impossibles?. *Revue Française de Psychanalyse, 56*(4), 995-1004.

Capítulo 11 Aisenstein, M. (2000). Élaboration, perlaboration, cicatrisation. *Revue Française de Psychanalyse, 64*(4), 1065-1076.

Capítulo 12 Aisenstein, M. (2010). Et la chambre valsait.... *Libres cahiers pour la psychanalyse, 21*(1), 77-83.

Capítulo 13 Aisenstein, M. (2011). À propos du contre-transfert chez Lacan. Quelques questions ouvertes. P. Guyomard (ed.), *Lacan et le contre-transfert* (pp. 77-92). Paris: PUF.

Capítulo 14 Aisenstein, M. (2011). Traduire, transcrire, trahir. In *Esquisse(s), 1*, 103-112.

Capítulo 15 Aisenstein, M. (1994). L'écriture du marquis de Sade. *Revue Française de Psychanalyse, 58*(2), 451-461.

SBPA
SOCIEDADE BRASILEIRA DE PSICANÁLISE DE PORTO ALEGRE

Filiada à International Psychoanalytical Association - IPA

Presidente
Ana Paula Terra Machado

Secretária
Vera Maria H. Pereira de Mello

Tesoureira
Beatriz Saldini Behs

Diretora Científica
Eliane Grass Ferreira Nogueira

Diretora de Comunicação
Patricia Rivoire Menelli Goldfeld

Diretora de Relações com a Comunidade
Mayra Dornelles Lorenzoni

Diretora do Centro de Atendimento Psicanalítico
Christiane Vecchi da Paixão

Organização do livro
Vera Maria H. Pereira de Mello e Cibele Formel Couto Fleck
Clarice da Luz Rodrigues (bibliotecária, CRB-10/1333)

livraria dublinense
A LOJA OFICIAL DA DUBLINENSE E DA NÃO EDITORA

LIVRARIA.**dublinense**.COM.BR

Este livro foi composto em ARNHEM e impresso
na gráfica PALLOTTI, em papel LUX CREAM 70 g/m²,
em SETEMBRO de 2019.